클래식 듣는 맛

클래식 듣는 맛

The Taste of Classical Music

안일구 지음

클래식을 좋아합니다

"이 아름다운 음악들과 함께 할 수 있음에 기뻐해라."

독일인 할아버지, 저의 첫 플루트 선생님께서 해주셨던 말입니다. 저는 음악을 전공한 이후 마음이 힘들고 고될 때마다 이 말을 떠올리고 되새겼습니다.

클래식은 누군가에게는 한눈에 반한 첫사랑처럼 애틋한 음악이지만, 다른 누군가에게는 친해지기 어렵고 까다로운 친구일 수 있습니다. 저도 처음에는 후자였던 것 같아요. 음악을 전공했다고 해서 모두가 클래식 애호가인 것은 아닙니다. 저에게 클래식은 항상 어려운 존재였습니다.

저는 고등학교에 입학할 무렵부터 매일 몇 시간씩 악보를 보며 연습했습니다. 전공생은 아무래도 연주력을 발휘할 수 있는 곡 위주로 배우는데, 그러한 곡은 결코 친해지기 쉬운 음악이 아니었습니다. 어린 나이에 끈기 있게 듣기에는 너무 길고 복잡했죠. 다른 전공생 친구 역시 상황은 마찬가지였습니다. 심지어 음악대학에서도 순수하게 클래식 자체를 좋아하는 친구는 많지 않았습니다.

어떻게 악기를 다루는지는 배웠지만 어떻게 클래식과 친해지는지는 아무도 알려주지 않았습니다. 전공생이었던 제게 클래식은 가치 있고 아름다운 존재가 아닌, 장대높이뛰기 선수가 넘어야 할 높디높은 도달점과 같았습니다.

돌이켜보면 저는 아주 천천히, 아주 조금씩 클래식과 가까워졌습니다. 제 세대는 초등학생 때부터 오디오, 카세트플레이어, CD플레이어, MP3플레이어, 아이팟까지 두루 경험했는데요. 플레이리스트에는 국내 아이돌 그룹의 노래나 해외 팝송이 주를 이뤘습니다. 그러다가 음악 전공을 하면서 어쩔 수 없이 클래식 몇 곡을 추가했습니다. 처음에는 제임스 골웨이, 에마뉘엘 파위와 같은 세계적인 플루티스트의 연주곡이 목록에 이름을 올렸습니다. 그러다 몇 년이 지나고는 유명 현악기 연주자나 피아니스트의 연주곡이 조금씩 담기기 시작했고, 언젠가부터 베토벤이나 브람스의 교향곡으로 용량을 꽉꽉 메워갔습니다.

클래식과 사랑에 빠지는 과정은 아주 느리고 긴 여정이었고, 음악

을 전공한 이후에도 "클래식을 좋아합니다"라고 하기까지 족히 5년
은 걸린 것 같습니다. 상황이 급격히 변하기 시작한 것은 공연을 많
이 접하면서부터입니다. 독일로 유학을 간 뒤로 세계적인 오케스트
라의 공연부터 여러 오페라, 실내악 등을 접할 수 있었습니다. 그때
부터 '음악을 만드는 사람'에 대한 관심과 '음악을 연주하는 사람'에
대한 존경심 2가지가 마음속에 자리 잡았습니다. 자연스럽게 클래
식을 감상하는 시간과 빈도는 점점 늘어났습니다.

독일에서 여러 선생님들로부터 가르침을 받으면서 그들의 음악적
지식 외에도 클래식 자체에 푹 빠져 있는 모습에서 많은 것을 배웠
습니다. 각자가 훌륭한 연주자인 동시에 클래식 없이는 못 사는 클
래식 애호가였죠. 때때로 길거리 레코드 가게에 들러 클래식 LP음
반을 고르며 행복해하고, 한 달에 두어 번은 깔끔하게 차려입고 공
연장을 찾곤 했습니다. 누가 시켜서 그러는 것이 아니라 스스로 클
래식을 곁에 두고 평생을 함께하는 사람들이었죠. 그들에게 받은 영
향과 더불어 오랜 문화와 역사가 살아 숨 쉬는 곳에서 여러 공연과
음악을 접하다 보니 저 역시 점차 클래식의 매력에 흠뻑 빠져들었습
니다. 클래식은 알면 알수록 저에게 더 커다란 세상을 보여주었습니
다. 좋아하면 좋아할수록 더 많은 기쁨을 주었습니다.

음악은 누군가의 마음입니다. 음악가의 마음과 내 마음이 맞닿
는 기적을 여러분도 경험하길 바라며 이 책을 써 내려갔습니다. 1부
에서는 만드는 사람, 들려주는 사람, 듣는 사람의 관점에서 클래식

을 바라봅니다. 2부와 3부에서는 본격적으로 클래식의 가치와 즐기는 방법에 대해 이야기합니다. 4부에서는 여러분이 천천히 클래식을 즐기고 음미할 수 있도록 100여 곡의 플레이리스트를 준비했습니다. 제가 클래식과 가까워지며 새로운 세상에 눈을 떴듯이 여러분 일상에 클래식이 새로운 기쁨과 행복, 위로가 되기를 바랍니다.

400년이 넘도록 사랑받고 있는 유일한 음악 장르인 클래식. 클래식은 남녀노소를 가리지 않고 우리의 삶을 바꿔놓을 만한 힘을 갖고 있습니다. 이제 그 내밀한 이야기를 시작하겠습니다.

안일구

클래식 음악은 3가지 축에 기대어 시간을 건너왔습니다.

제가 생각하는 3가지 축은 만드는 사람, 들려주는 사람, 듣

는 사람입니다. 다시 말해 작곡가, 연주자, 애호가입니다.

이들은 각자 조금은 다른 방식으로 음악과 마주하고 있습

니다. 때때로 서로를 깎아내리기도 하지만 모두 음악을

끔찍이 사랑한다는 공통점이 있습니다. 3가지 축은 음악

이라는 예술이 가진 고유함이자 자랑입니다. 3가지 부류

중 어느 한쪽만 삐끗했어도 클래식이 400년 넘는 역사를

유지하기란 어려웠을 것입니다.

클래식 음악의 3가지 축

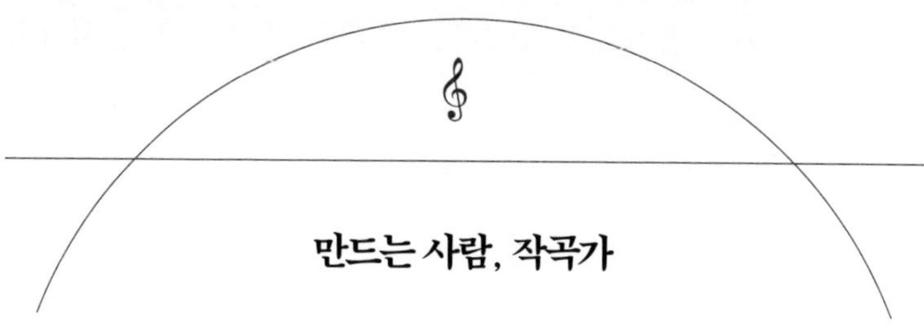

만드는 사람, 작곡가

"생사를 걸고 썼어요. 너무 스트레스를 받아 위가 망가졌죠. 책상에서 곡을 못 써서 뜨거운 물주머니를 바닥에 깔고 그 위에서 썼어요."

_진은숙(1996년 작곡한 피아노 협주곡을 떠올리며)

작곡가 진은숙은 작곡할 때마다 자신이 벌레가 된 듯한 초라함을 느낀다고 이야기합니다. 작곡가로서 숱한 영예를 거머쥔 그녀이기에 지나친 겸손처럼 느껴질 수 있지만, 그만큼 작곡에 많은 에너지를 쏟고 있고 창작의 고통이 크다는 뜻이겠죠.

클래식은 흔히 음악의 한 장르라고 인식되지만 사실은 한 사람의 '생각'에 가깝습니다. 그것도 역사 안에서 손에 꼽히는 예술인의 생각 말입니다. 그들의 생각은 음악에서는 악보라는 형태로 옮겨집니다. 그래서 악보 안에는 어떠한 사람의 생각과 감정 그리고 그가 살던 시대가 담겨 있습니다. 작곡가는 이 모든 것을 음악이라는 달콤한 열매로 우리에게 전해줍니다.

클래식을 제대로 알고 싶다면 우선 작곡가의 발자취를 따라가는 것이 가장 좋습니다. 음악은 오선지 안에만 있는 게 아닙니다. 악보의 이면을 이해하는 게 가장 중요합니다. 작곡가는 언어로 설명하기 어려운 무언가를 매혹적인 소리로 바꾸는 사람입니다. 그래서 어떨 때는 아주 복잡한 이야기가 짧은 멜로디나 찰나의 화성으로 설명되기도 합니다.

작곡가마다 크게는 시대적 환경이 달랐고 세세히는 가정환경, 성격, 건강상태, 영향을 주고받은 사람이 달랐습니다. 그러한 모든 것은 작곡가가 만든 작품 안에 고스란히 담겨 있습니다. 작곡가가 나무라면 작품은 열매입니다. 나무가 어떤 시간을 거쳤는지 조금만 이해해도 열매를 더 맛있게 즐길 수 있습니다.

이해를 돕기 위해 클래식 음악사에 중요한 이정표를 남긴 세 인물의 삶을 잠시 살펴보는 시간을 가져볼까요.

▌음악의 아버지, 바흐

'음악의 아버지'라 불리는 요한 제바스티안 바흐(Johann Sebastian Bach, 1685~1750년)에 대해 혹자는 비교적 무탈한 삶을 살았고 평범한 가정을 이뤘다고 말합니다. 그러나 바흐는 한창 부모에게 사랑받아야 할 나이인 9세에 어머니를 잃었고, 이듬해에 아버지까지 떠나보내야 했습니다.

바흐는 평생에 걸쳐 2명의 아내를 만났고 20명의 아이를 낳았습니다. 출산 직후 쌍둥이를 잃는 슬픔을 겪기도 했고, 질병 등 이런저런 이유로 자녀 중 절반이 사망했습니다. 바흐는 35세에 사랑하는 아내 마리아 바르바라를 떠나보내는데, 전혀 예상하지 못한 죽음인 데다 당시 일터에 나가 있어 임종을 지키지 못했습니다. 바흐는 한동한 엄청난 슬픔에 잠겨 세월을 보냈다고 합니다. 물론 과거에는 지금보다 이런 일이 흔했다고 하지만 부모님, 자식, 아내까지 일찍 잃은 바흐의 삶을 무탈했다고 할 수는 없겠죠.

바흐는 또 평생을 봉급쟁이로 살았습니다. 부모님을 여읜 후 오르가니스트였던 맏형에게 맡겨진 그는 성인이 된 이후 교회나 궁정에서 바이올리니스트, 오르가니스트, 궁장악장, 칸토르(합창장), 음악감독 등으로 일했습니다. 많은 가족을 부양해야 했기에 쉴 틈이 없었습니다. 바이마르에서는 매달 한 곡의 새로운 칸타타를 작곡하기도 했고, 라이프치히로 옮긴 후에는 예배를 위해 매주 한 곡의 칸타

바흐의 초상화

타를 작곡했습니다. 상상하기 어려운 살인적인 창작 일정이 다행히 바흐에게는 음악적으로 큰 자산이 되었습니다. 그는 훗날 〈마태수난곡(BWV244)〉 〈미사 B단조(BWV232)〉 〈크리스마스 오라토리오(BWV248)〉와 같은 시대를 관통하는 교회음악을 작곡합니다.

바흐는 평생 음악을 사랑했습니다. 신으로부터 받은 자신의 음악적 재능을 사람들과 나눴습니다. 음악가 집안에서 태어나 악기를 연주하고, 성가대나 합창단을 지휘하고, 자녀와 어린 학생에게 음악을 가르쳤습니다. 실제로 바흐의 장남 빌헬름 프리데만 바흐, 차남 카를 필리프 에마누엘 바흐, 막내 요한 크리스티안 바흐는 음악사에서 없어서는 안 될 위대한 음악가가 되었습니다.

바흐는 세상에 흩어져 있던 음악들을 해체하고 다시 융합하며 바로크 음악을 위대한 경지까지 끌어올렸습니다. 다음 세대의 예술가에게 새로운 음악의 길을 열어주었으며, 그 결과 후대의 거의 모든 작곡가가 그의 영향 아래 있다 해도 과언이 아닐 것입니다. '바흐(Bach)'라는 이름은 독일어로 '시냇물'을 뜻하는데 베토벤은 그를 가리켜 "시냇물(Bach)이 아니라 바다(Meer)라고 불려야 한다"라고 했으며, 바그너는 그를 가리켜 '음악사의 기적'이라고 표현했습니다.

▎가곡의 제왕, 슈베르트

이번에는 가곡의 제왕이라 불리며 낭만주의 음악의 시대를 화려하게 연 프란츠 슈베르트(Franz Schubert, 1797~1828년)의 이야기를 해볼까요? 슈베르트는 교사였던 아버지 프란츠 슈베르트와 폴란드 출신 어머니 엘리자베스 피츠 사이에서 태어났습니다. 부잣집은 아니지만 교사였던 아버지의 영향으로 슈베르트는 체계적인 음악 교육을 받았습니다. 악기 연주는 물론 작곡에 뛰어난 재능을 보이며 '모차르트'라고 불리기도 했습니다.

슈베르트는 17세 때 미사곡을 작곡해 연주합니다. 이 연주는 리히텐탈 교회 건립 100주년을 기념해 이뤄졌고 그가 지휘를, 형이 오르

   1부 클래식 음악의 3가지 축

슈베르트의 초상화

간 연주를 맡았습니다. 이때 소프라노를 맡은 사람이 바로 슈베르트의 첫사랑 테레제 그로프입니다. 슈베르트가 착하고 매력적인 성품을 가진 테레제에게 반하면서 두 사람은 점점 가까워졌습니다. 타고난 음악성에 더해 사랑까지 찾은 슈베르트는 그녀를 위해 〈물레 감는 그레첸(Op.2)〉을 작곡했고 이듬해인 1815년에는 〈들장미(Op.3-3)〉 〈마왕(Op.1)〉 등의 명작을 포함해 무려 150곡에 달하는 작품을 썼습니다. 그러나 수많은 작품이 당시 슈베르트에게 경제적인 도움이 되지는 못했습니다. 그는 여전히 가난한 음악가였습니다.

아버지는 슈베르트가 수입이 일정치 못한 음악가의 길을 가는 것을 원치 않았습니다. 진로 문제로 빚어진 마찰은 점점 심해졌고 어느 날 아버지는 슈베르트의 작품을 태워버리기까지 합니다. 결국 슈베르트는 아버지의 학교에서 3년 동안 이어가던 교직을 그만두고, 친구와 함께 살며 작곡에 전념하기로 결심합니다. 그런데 딸이 안정적인 삶을 살기를 원한 테레제의 부모님은 슈베르트가 교직을 관두자 기다렸다는 듯이 부잣집 제과점 주인과 딸을 결혼시킵니다. 사랑하는 사람이 다른 사람과 결혼하자 슈베르트는 아주 오랫동안 슬픔에 빠져 헤어나오지 못합니다.

슈베르트는 이후에도 지독한 가난에서 벗어나지 못합니다. 당시 출판업자의 우선순위는 예술성보다는 상업성이었습니다. 슈베르트를 위해 기꺼이 작곡료를 지불하는 모험을 하는 출판업자는 없었습니다. 슈베르트는 세상에 대한 관심을 거두고 점점 자신의 내면으로 깊이 빠져듭니다. 어찌 보면 애석한 일이지만 그가 겪은 경험, 감정, 고통은 위대한 작품으로 승화되었습니다. 그의 피아노 소나타, 실내악곡, 교향곡은 당대에는 평가 절하되었지만 고유하고 순수하고 아름다운 매력을 가득 담고 있습니다. 또 무려 650곡에 달하는 예술가곡을 탄생시켰는데요. 이는 독일을 넘어 클래식 음악사에 길이 남는 위대한 자산이 됩니다.

수줍음 많고 소심한 성격 탓에 공개연주회를 꺼렸던 슈베르트는 죽기 1년 전인 1828년 3월이 되어서야 오스트리아 빈의 무지크페라인 홀에서 공개연주회를 엽니다. 공개연주회로 번 돈으로 그는 처음으로 자신의 피아노를 살 수 있었습니다. 그러나 매독에 걸려 건강이 악화된 상태였던 슈베르트는 죽음을 예감한 듯 마지막까지 열정

　　　　　　　　　

적으로 작품을 쏟아내다 1828년 11월에 불과 31세 나이로 세상을
떠납니다.

▮ 인상주의 음악의 창시자, 드뷔시

인상주의 음악의 대가 클로드 아실 드뷔시(Claude Achille Debussy,
1862~1918년)는 1862년 프랑스의 작은 마을 생제르맹앙레에서 태어
났습니다. 아버지가 혁명운동을 했다는 이유로 투옥되면서 그는 9세
때부터 바닷가 외할머니의 집에서 자랐습니다. 내성적이고 예민한
감수성을 가진 드뷔시는 일찍이 음악에 재능을 보였고 11세에 파리
음악원에 들어갑니다. 세자르 프랑크, 에르네스토 기로에게 음악을
배우면서 실력을 쌓은 그는 1883년과 1884년에 칸타타를 작곡해 당
시 가장 권위 있던 대회인 로마대상(Prix de Rome)에서 차례로 2등상,
1등상을 받습니다.

그러나 개성이 뚜렷한 그의 음악은 기존의 전통과 권위에 도전한
다며 많은 비판을 받았습니다. 주로 음색이나 음향을 지나치게 강조
해서 음악의 기본적인 틀과 형식을 무너뜨린다는 이유였습니다. 드
뷔시는 이런 혹평에 아랑곳하지 않고 계속해서 자신의 음악을 펼쳐
나갔고 그 과정에서 오히려 자신만의 목소리를 찾아갑니다.

드뷔시는 유학과 여행을 통해 경험을 쌓으며 19세기 파리의 시인,

드뷔시의 사진

화가와 활발히 교류했습니다. 당시 파리에서 활동하던 인상주의 화가들은 구조나 형식에서 벗어나 빛과 색 자체의 느낌을 중요하게 생각했습니다. 이런 시대의 흐름 한가운데 놓여 있던 드뷔시는 천재성을 발휘해 음악에서도 새로운 화성과 음색을 적극적으로 채용합니다. 바그너와 같은 깊은 철학과 단단한 구조를 가진 독일음악의 틀에서 빠져나와 매우 혁신적인 음악을 내놓습니다. 일단 기존의 화성이 지닌 기능적인 역할에서 벗어납니다. 흔히 쓰던 장·단음계 외에 온음계, 8음음계 등을 적극 활용하며 음악에 다양성을 부여합니다. 그가 쓴 음악은 매우 감각적이었으며 순간의 기분이나 느낌, 특정한 장면 등을 탁월하게 묘사해냈습니다.

한편 드뷔시의 곁에는 여인들이 끊이지 않았습니다. 그는 자신이 쓴 음악처럼 이성관계에서도 당시의 관념에서 완전히 벗어나 여러 연인과 사랑을 나눴습니다. 한곳에 정착하지 못하고 계속해서 다른 여성과 염문에 휩싸이곤 했습니다. 그로 인해 드뷔시는 가까운 친구를 잃기도 했고 지탄의 대상이 되기도 합니다. 그러나 다양한 만남은 영감이 되어 새롭고 매혹적인 창작물로 이어지곤 했습니다.

또 드뷔시는 자연을 사랑했습니다.

"우리는 자연에 둘러싸여 살고 있지만 그것을 크게 인식하지 않습니다. 자연 속에는 수많은 가능성이 있고 우리가 나아가야 할 길이 있습니다."

자연에 대한 드뷔시의 각별한 애정은 그의 대표곡 중 하나인 〈바다〉에 그대로 드러납니다. 기존의 음악에서는 느낄 수 없었던 신선한 느낌이 전해집니다. 고요한 바다, 출렁거리는 파도, 바다 위의 바람과 하늘의 모습 등 정해진 규칙 없이 끊임없이 변화하는 풍경이 눈앞에 그려집니다.

바그너가 자신의 음악세계를 완성해가며 후기 낭만주의의 정점에 다다랐을 때, 클래식은 그것을 끝으로 더 이상 나아갈 곳이 없는 것처럼 보였습니다. 그러나 바그너를 추종하던 젊은 음악가 중 한 명이었던 드뷔시는 그와 전혀 다른 자신만의 음악세계를 펼치면서 완전히 새로운 시대를 엽니다. 드뷔시가 1894년에 쓴 〈목신의 오후에

의 전주곡〉은 ‘20세기 음악의 전주곡’이라고 불립니다. 작곡가이자
지휘자인 피에르 불레즈는 신선하고 새로운 요소로 가득한 이 곡을
일컬어 “현대음악은 〈목신의 오후에의 전주곡〉이 깨웠다”라고 평가
했습니다.

1부 클래식 음악의 3가지 축

들려주는 사람, 연주자

"37년 동안 매일 14시간씩 연습했는데, 지금 사람들은 나를 천재라고 부른다."

_사라사테

음악이 누군가에게 효과적으로 전달되고 계속해서 살아남기 위해서는 많은 사람의 노력이 필요합니다. 대표적으로 작곡가가 쓴 악보를 세상에 알리는 출판업자, 악보를 연습하고 연구해서 소리로 바꾸는 연주자, 연주자의 손과 발이 되어줄 악기를 만드는 악기제작자,

공연을 만드는 공연기획자, 연주를 녹음해서 발매하는 음반제작자, 연주가 온전히 음반에 담길 수 있게 도와주는 녹음기술자 등이 있습니다. 이처럼 우리가 작곡가의 생각을 온전히 소리로 들을 수 있도록 수많은 이가 노력하고 있습니다.

그중 가장 책임감이 막중한 전달자는 단연 연주자입니다. 연주자는 음악이 다른 예술과 차별화되는 데 결정적인 역할을 하는 존재입니다. '악보'라고 불리는 종이 위에 그려진 음표들은 연주자를 통해서만 세상 밖으로 나올 수 있습니다. 그 음들이 어떤 가치를 가지고 어떤 소리로 울리게 될지는 전적으로 연주자에게 달려 있습니다. 그래서 작곡가가 자신이 쓴 곡을 직접 연주하거나 지휘하기도 합니다. 곡을 만든 사람만큼 그 곡을 잘 아는 사람은 없을 테니까요.

그러나 훌륭한 작곡가가 항상 훌륭한 연주자인 것은 아닙니다. 또 가장 뛰어난 연주자라도 사람은 언젠가는 죽습니다. 시간이 흐르고, 악기가 발전하고, 시대가 바뀌면 그 음악을 다시 세상 밖으로 꺼내줄 새로운 연주자가 꼭 필요한 법입니다.

훌륭한 연주자의 가장 중요한 덕목은 언제나 작곡가에게 최대한 가까이 다가가려고 노력하는 자세입니다. 음악을 만든 사람의 성격이 어떤지, 어떤 삶을 살았는지, 어떤 의도를 가졌는지 공부합니다. 그다음으로 연주자에게 남겨진 것은 오직 연습입니다. 악보를 보고 또 보면서 음들이 가지고 있는 가치를 끌어낼 수 있도록 기술적인 부분과 예술적인 부분을 연습합니다. 말로는 거짓말을 할 수 있을지

　　　　　　　　　　　　　　　1부 클래식 음악의 3가지 축

몰라도 음악으로는 절대 거짓말을 할 수 없습니다. 연주자의 성격, 성향, 연습량, 고민 등이 연주에 고스란히 담기기 때문입니다.

　무대를 빠져나온 후 연주자들이 하는 생각은 대체로 비슷합니다. '더 잘할 수 있었는데' '그렇게 말고 이렇게 했어야 하는데' '다음엔 이렇게 하지 말아야지' '어떻게 하면 더 잘할 수 있을까?' 등 후회와 고민이 머릿속을 가득 채웁니다. 공연이 끝나고 100% 자신의 연주에 만족하는 연주자는, 적어도 훌륭한 연주자 중에는 제가 아는 한 없습니다. 이번에는 음악을 들려주는 연주자의 삶을 따라가보겠습니다.

▎고짜 천재, 글렌 굴드

　글렌 굴드(Glenn Gould, 1932~1982년)는 클래식 역사상 가장 독특한 내면세계를 가졌던 연주자로 유명합니다. 1932년 캐나다 토론토에서 태어난 그는 아마추어 피아니스트로서 뛰어난 실력을 가졌던 어머니로부터 피아노를 배웠습니다. 머지않아 뛰어난 연주력을 갖추고 즉흥 연주와 작곡까지 하면서 천재성을 드러냈죠. 굴드는 20세를 갓 넘긴 1955년 1월 뉴욕에서 데뷔 리사이틀을 갖습니다. 바로 그다음 날 그는 CBS와 녹음계약을 맺었고, 그 녹음에서 연주한 곡이 바로 〈골드베르크 변주곡(BWV988)〉입니다. 이 곡은 지금까지도 '굴드베르크 변주곡'이라는 별명이 붙을 정도로 글렌 굴드를 상징하는 곡이 되었습니다.

굴드는 엄청난 명성을 얻은 반면, 이해할 수 없는 기행으로 구설수에 오르내렸습니다. 〈골드베르크 변주곡〉 녹음을 위해 뉴욕에 나타난 굴드의 모습은 매우 인상적이었습니다. 따뜻한 여름 날씨였지만 굴드는 머리에는 베레모를, 목에는 머플러를, 두 손에는 장갑을 끼고 두꺼운 코트까지 입었습니다. 뉴욕 물을 마시기 꺼려하며 2개의 물병을 가지고 다녔고, 각기 다른 색깔을 가진 약병도 5가지나 챙겨 다녔습니다. 게다가 연주 때는 아버지가 직접 만든 전용 의자를 써야 했습니다. 다리 4개를 모두 고무로 만들어서 연주할 때 몸의 각도를 자유자재로 움직일 수 있었다고 합니다.

그뿐만 아닙니다. 연주 전에는 20분간 따뜻한 물에 손을 담가야 했고, 자신이 준비해온 수건으로 손을 닦았습니다. 녹음이 진행될 때는 시종일관 음악에 취한 상태로 입을 벌리고 음악을 따라 허밍했습니다. 당시 CBS 녹음 관계자는 굴드의 허밍을 최대한 제거하려고 노력했지만 완전히 제거할 수 없었고, 오늘날 그의 허밍은 '굴드' 하면 떠오르는 상징이 되었습니다.

굴드의 〈골드베르크 변주곡〉은 날개 돋친 듯 팔려나갔습니다. 무명의 젊은 피아니스트는 순식간에 살아 있는 전설이 되었고, 많은 사람이 실제로 연주를 듣고 싶어 했습니다. 냉전시대였던 1957년 북미 연주자 최초로 소련에서 콘서트를 열었고 여러 청중과 비평가의 찬사를 받았습니다. 이후 이어진 유럽 순회 연주에서 헤르베르트 폰 카라얀이 이끄는 베를린 필하모닉 오케스트라와 〈베토벤 피아노 협주곡 제3번 C단조(Op.37)〉를 연주하기도 했고, 레너드 번스타인이 이끄는 뉴욕 필하모닉 오케스트라와 TV에도 출연했습니다. 그러나 평소 고독을 즐기고 혼자 있는 것을 좋아한 굴드에게 전 세계에서 쏟아지는 관심과 연주 의뢰는 심적으로 큰 부담이었습니다.

1964년 굴드는 돌연 콘서트를 중단하며 앞으로 다시는 무대에 서지 않겠다고 말합니다. 무대에 오르는 것을 싫어하기도 했지만 제약이 많은 공연장에서는 머릿속에 있는 음악을 완벽하게 실현시킬 수 없다고 판단했기 때문입니다. 이후 최첨단 기술을 동원한 녹음을 통해 예술활동을 이어나갔고 방송, 지휘, 작곡, 집필 등을 병행했습니다. 콘서트 피아니스트로 활동한 기간은 고작 10여 년이었습니다.

굴드는 한 번 녹음한 곡을 다시는 녹음하지 않겠다고 했지만 1981년 그의 분신과도 같은 곡 〈골드베르크 변주곡〉을 다시 녹음합니다. 세월이 흘러 곡 해석에 대한 변화가 있었고 녹음 기술의 발전이 있었기 때문입니다. 그는 더욱 예민해진 자신의 감각을 총동원해 〈골드베르크 변주곡〉을 재녹음했고, 그다음 해인 1982년에 51세의 나이로 세상을 떠납니다. 데뷔 녹음과 마지막 녹음까지 존경했던 바흐와 함께한 이 괴짜 피아니스트의 두 음반은 아직까지도 많은 사람에게 사랑받고 있습니다.

▌ 영국의 장미, 뒤 프레

　20세기 초반 영국 사람들은 헨리 퍼셀 이후 200여 년 만에 고국에서 탄생한 대작곡가 엘가에 환호했습니다. 이후 영국 음악계를 가장 크게 뒤흔든 이는 다름 아닌 20대의 여류 첼리스트 자클린 뒤 프레(Jacqueline Du Pre, 1945~1987년)입니다. 1945년 영국의 중산층 가정에서 태어난 뒤 프레는 5세 때 라디오에서 흘러나오는 첼로 소리에 반해 첼리스트가 되기로 결심합니다. 옥스퍼드대 교수인 아버지와 피아니스트였던 어머니를 둬서 큰 어려움 없이 음악에 매진할 수 있었죠. 그는 영국의 작은 첼로학교를 거쳐 1955년부터 길드홀음악연극학교에서 저명한 첼리스트인 윌리엄 플리스를 사사합니다. 엄청난 재능을 보였던 그녀는 이후 세계 최고의 첼리스트였던 파블로 카잘스, 폴 토르틀리에, 므스티슬라프 로스트로포비치에게 가르침을 받으며 거장의 면모를 갖추기 시작합니다.

　1961년 런던 위그모어 홀에서 데뷔 리사이틀을 가졌고, 1962년 로열 페스티벌 홀에서 루돌프 슈바르츠의 지휘 아래 BBC 교향악단과 〈엘가 첼로 협주곡 E단조(Op.85)〉를 연주합니다. 1년 뒤인 1963년 프롬스 공연에서 다시 한번 이 곡을 연주했고, 1965년 지휘자 존 바비롤리와 함께 EMI에서 레코딩을 진행합니다. 뒤 프레는 연주 때마다 음악과 혼연일체가 되는 모습을 보였습니다. 덕분에 초연 이후 40여 년간 관객들에게 크게 주목받지 못한 〈엘가 첼로 협주곡 E단조〉

는 현재 첼로를 위한 가장 중요한 레퍼토리로 자리 잡았습니다.

세계적인 명성을 얻은 뒤 프레는 유디 메뉴인, 핀커스 주커만, 주빈 메타, 이츠하크 펄먼 등 실력 있는 젊은 음악가들과 교류하며 많은 실내악 작품을 내놓습니다. 그러다 1966년 또 다른 천재 음악가 다니엘 바렌보임을 만난 그녀는 곧바로 사랑에 빠졌고 이듬해 6월에 결혼합니다. 두 젊은 천재는 이때부터 서로에게 긍정적인 영향을 미치며 전 세계 유명 공연장과 레코딩 스튜디오를 오가며 바로크 시대부터 현대에 이르기까지 다양한 작품을 쏟아냅니다. 특히 바렌보임의 지휘 아래 1968년부터 런던 심포니 오케스트라, 필라델피아 오케스트라, 시카고 심포니 오케스트라 등과 연주한 〈드보르자크 첼로 협주곡 B단조(Op.104)〉는 그녀의 무르익은 기량과 음악적인 폭발력을 여실히 보여줍니다.

그러나 1971년, 하늘이 내린 첼리스트 뒤 프레에게 엄청난 시련이 찾아옵니다. 처음에 그녀는 자신이 아픈지도 몰랐습니다. 연주에 전혀 집중하지 못하고 피로감을 호소하며 리허설을 중단하는 일이 자주 벌어졌고 연주 중에 활을 놓치기도 했습니다. 음악에서만큼은 완벽주의를 추구했던 바렌보임은 그녀가 음악에 집중하지 못한다며 크게 나무랐습니다. 그러던 어느 날 뒤 프레는 길거리에서 혼자 쓰러진 후 일어나지 못합니다. 병원에 실려간 그녀는 다발성경화증이라는 희귀한 병명을 진단받습니다.

뒤 프레는 병명을 진단받고 오히려 안도했습니다. 그동안 망쳤던 공연들이 그녀의 기량 탓이 아니었기 때문입니다. 그러나 천천히 몸이 굳어가는 다발성경화증이라는 병은 첼리스트에게는 사형선고와 같았습니다. 그러나 뒤프레는 불편한 몸을 이끌고 연주와 레코딩을 이어나갔고, 1973년 2월 영국에서 지휘자 주빈 메타와 연주한 〈엘가 첼로 협주곡 E단조〉를 끝으로 공식적인 활동을 끝맺습니다. 그때의 나이가 고작 27세입니다. 5세에 첼리스트가 되겠다고 마음먹은 후부터 평생을 함께한 첼로와 이별한 것입니다.

반면 피아니스트이자 지휘자로서 바렌보임은 전 세계를 오가며 성공 가도를 이어갔습니다. 아직까지 논란이 많은 바렌보임과 러시아 피아니스트의 외도, 뒤 프레와 그녀의 형부 간 내연관계는 굳이 언급하지 않겠습니다. 투병 이후 그녀가 외롭고 불행한 결혼생활을 보낸 것은 확실해 보입니다. 뒤 프레는 후학을 양성하는 등 끝까지 첼로를 놓지 않으려 노력했지만 몸은 조금씩 굳어갔습니다. 몸을 가누지 못하고 음식물도 제대로 삼키지 못하며 안면까지 마비되어 눈물마저 흘리지 못했던 그녀. 뒤 프레는 침대에 가만히 누운 식물인간 상태로 1987년에 세상을 떠납니다.

유복한 가정에서 태어나 많은 사랑을 받으며 음악가로서 누구보다 빠르게 성장하고 성공했던 그녀였지만 인생의 1/3에 달하는 기간 동안 외로움과 고통 속에서 몸부림치며 서서히 생을 마감해야 했습니다. 첼리스트로서 10년이 채 안 되는 짧은 기간 활동했음에도 그녀는 20세기 최고의 여류 첼리스트로 꼽힙니다. 20세기 중반부터 지금까지 영국 음악계의 자존심을 드높인 자랑입니다. 다행히 우리는 뒤 프레의 불꽃같은 삶을 그녀가 남긴 연주와 음반에서 느낄 수 있습니다. 앞서 이야기한 드보르자크와 엘가의 곡 외에도 하이든, 보케리니, 슈만, 생상스 등의 곡을 녹음했고 소나타와 첼로를 위한 독주곡도 남아 있습니다.

개인적으로 매우 인상적인 장면을 하나 소개하려 합니다. 유튜브에도 공개되어 있는 영상인데요. 그녀가 바렌보임과 런던 심포니 오케스트라와 함께 〈드보르자크 첼로 협주곡 B단조〉를 연주하는 영상입니다. 숨막히게 아름다운 2악장이 끝나고 3악장 도입부에서 오케스트라의 힘찬 연주 뒤에 첼로 솔로가 시작되는데요. 그만 현이 툭 끊어지고 맙니다. 그녀는 대수롭지 않다는 듯 담담히 관객에게 양해를 구하고 무대 뒤로 퇴장해 현을 교체합니다. 그리고 웃으며 다시 입장해 불꽃처럼 3악장을 연주합니다.

누구보다 음악을 아끼고 사랑하는 마음으로 언제나 긴머리를 휘날리며 열정적인 연주를 했던 뒤 프레의 모습은 아직도 애호가들의 마음속에 깊이 자리하고 있습니다.

'Jacqueline du Pré - Dvořák Cello Concerto -
London Symphony Orchestra cond. Daniel Barenboim'

(blue8348, 2017년 10월 25일)

시대의 아이콘, 파위

이번에는 현재 활발히 활동하고 있는 연주자를 한 명 소개하려 합니다. 관악기 연주자 역사상 가장 다양하고 많은 업적을 이뤘으며 전 세계 관악기 팬들에게 큰 사랑을 받고 있는 플루티스트, 에마뉘엘 파위(Emmanuel Pahud, 1970년~)입니다.

파위는 스위스 제네바에서 프랑스와 스위스인 부부 사이에서 태어났습니다. 글로벌 기업에서 근무한 아버지의 영향으로 다양한 도시에서 유년기를 보냅니다. 태어난 지 6주 만에 바그다드로 이사했고, 파리에서도 잠시 머물렀으며, 1972년부터는 마드리드에서, 1974년부터 4년간은 로마에서 살았습니다. 음악과 전혀 상관없는 집안에서 태어난 파위는 로마에서 음악인 가족과 만나게 됩니다. 이웃집 장남은 매일같이 플루트로 〈모차르트 플루트 협주곡 제1번 G장조(K.313)〉를 연주했고 5세에 불과했던 파위는 이 연주에 완전히 매료되고 맙니다. 그해 크리스마스에 부모님으로부터 첫 번째 플루트를 선물받은 파위는 이웃집 장남에게 플루트를 배웠고 이후에는 아버지에게 레슨을 받았습니다.

이후 파위의 가족은 로마를 떠나 벨기에 브뤼셀에 정착했고 여기에서 그는 수준 높은 음악 교육을 받았습니다. 파위는 1985년 벨기에 국립 콩쿠르에서 우승했으며, 그해 벨기에 국립 오케스트라와 함께 11여 년 전 자신에게 영감을 준 〈모차르트 플루트 협주곡 제1번 G장조〉를 연주합니다. 파리음악원에서는 당대 최고의 플루티스트인 미셸 드보스트, 알랑 마리옹에게 가르침을 받았고, 스위스 바젤에서는 오렐 니콜레에게 가르침을 받습니다. 공부하는 동안에도 1988년 두이노 국제 콩쿠르와 1989년 고베 국제 콩쿠르에서 우승합니다.

파위는 오케스트라 주자로서도 성공 가도를 달립니다. 1989년부터 바젤 라디오 심포니 오케스트라의 수석으로 활동했고, 뮌헨 필하모닉 오케스트라의 수석으로도 활동했습니다. 1992년은 그에게 아주 중요한 해인데요. 9월에는 제네바 국제 음악 콩쿠르에서 우승했고, 10월에는 카라얀의 뒤를 잇는 지휘자 클라우디오 아바도가 이끄는 베를린 필하모닉 오케스트라의 수석으로 발탁됩니다.

22세의 나이로 베를린 필하모닉 오케스트라의 최연소 연주자가 된 파위는 이때부터 국제적인 주목을 받으며 활발한 활동을 이어갑니다. 유럽 전역과 미국의 주요 오케스트라의 협연자로 무대에 섰고 세계 각지의 페스티벌에 초청받아 연주했습니다. 젊은 시절부터 EMI와 함께 바로크 시대부터 현대에 이르기까지 다양한 플루트 레퍼토리를 녹음했습니다. 또한 다른 악기를 위해 작곡되었지만 플루트로 연주 가능한 소나타와 협주곡에도 관심을 기울이며 레퍼토리를 확장하기도 했습니다.

2000년에는 18개월 동안의 안식년을 가지며 제네바음악원에서 학생을 가르쳤으며, 2002년에 지휘자 사이먼 래틀의 취임과 함께 오케스트라 연주자로 돌아왔습니다. 50세 무렵 잠시 안식년을 가지기까지 전 세계를 누비며 1년에 90여 개의 솔로 공연과 75여 개의 오케스트라 공연을 소화하는 등 연간 160여 개에 달하는 공연을 소화합니다. 50세 때 한국을 방문한 그는 한 인터뷰에서 연주 인생의 후반기가 시작되었음을 예고했습니다.

후반기 활동을 제쳐놓고라도 에마뉘엘 파위라는 연주자는 이미 시대의 아이콘으로 자리 잡았습니다. 플루트의 음색과 기교 측면에서 새 시대를 연 장-피에르 랑팔, 그리고 베를린 필하모닉 오케스트라 수석을 거쳐 전 세계에서 왕성하게 활동한 제임스 골웨이와 줄곧 비교당했지만 이제는 음악적으로 두 사람의 아성을 뛰어넘었다고 평가해도 좋을 것 같습니다.

활동 초기 애호가들로부터 호불호가 갈렸던 파위의 플루트 음색은 꾸준히 발전해 풍부한 울림과 섬세한 팔레트를 가지게 되었고, 관악기로는 실현하기 어려운 다채로운 악상의 스펙트럼과 긴 프레이즈를 보여주고 있습니다. 레퍼토리 관점에서도 거의 모든 시대의 플루트 음악을 음반과 라이브 공연으로 발표했으며 특히 모차르트, 카를 라이네케, 자크 이베르, 카를 닐센 등의 주요 협주곡을 가장 높은 수준으로 연주해냈습니다.

이뿐만 아니라 현 시대의 작곡가인 피에르 불레즈, 엘리엇 카터, 외르크 비드만의 곡도 베를린 필하모닉 오케스트라와의 협업으로 꾸준히 무대에 올리면서 호평을 받고 있습니다. 2022년 5월에는 〈별빛〉을 지휘자 파보 예르비와 함께 초연해 많은 찬사를 받기도 했습니다. 〈별빛〉은 작곡가 에르키스벤 튀르의 플루트 협주곡으로 베를린 필하모닉 재단과 취리히 톤할레의 공동 위촉작입니다.

1993년 파위는 에릭 르 사쥬, 폴 메이어와 함께 살롱드프로방스에 여름음악 페스티벌을 설립했고, 현재는 아주 특별한 음악인들의 축제로 자리 잡았습니다. 많은 관악기 연주자, 플루트 연주자 그리고 플루트를 전공한 학생들에게 귀감이 되며 연주활동의 후반기에 접어든 에마뉘엘 파위. 앞으로 그가 보여줄 행보에 귀추가 주목됩니다.

듣는 사람, 애호가

듣는 사람이 완성한다

누가 음악을 완성할까요? 천재적인 작곡가일까요, 대가의 반열에 오른 연주자일까요? 저는 음악은 듣는 사람이 완성한다고 생각합니다. 음악은 콘서트홀의 중앙 어딘가에서 청중과 만나면서 비로소 완성됩니다. 아무리 훌륭한 음악도 감상자의 마음상태, 건강상태, 감상 태도, 지식 수준에 따라 처참히 망가질 수 있습니다. 아무리 형편없는 음악도 같은 이유로 아름답게 훨훨 날아갈 수 있고요.

작곡가가 창작의 고통을 견디는 이유도, 연주자가 피나는 연습을 통해 더 좋은 음악을 완성하려는 이유도 결국은 누군가에게 자신의 음악을 들려주기 위함입니다. 그래서 작곡가나 연주자는 스스로가 클래식 애호가여야 합니다.

음악을 들을 때 우리의 마음과 머리에선 어떤 일이 일어날까요? 듣는 사람에 따라 다양한 것을 떠올리겠죠. 누군가는 작은 정원을 떠올리고, 다른 누군가는 험준한 알프스 산맥을 떠올리기도 합니다. 사랑하는 사람, 증오하는 사람, 보고 싶은 사람을 떠올리기도 하죠. 음악은 수많은 감정을 가져옵니다. 밝고 신나는 감정을 느끼면서 들썩이기도 하고, 고통스럽고 슬픈 감정을 느끼면서 몇 번이나 울컥하기도 합니다. 지난 인생을 돌아보기도 하고, 앞으로의 삶을 살아갈 용기를 얻기도 합니다. 음악에 대해 아무것도 몰라도 다친 마음을 깊게 위로 받을 수 있고, 행복한 마음을 흠뻑 느낄 수 있습니다

물론 같은 음악을 들으면서도 전혀 다른 반응을 보일 수도 있습니다. 공연장에서 가끔 코를 골고 자는 관객을 볼 수 있죠. 그에게 음악은 자장가 그 이상도 이하도 아닐 것입니다. 연주가 끝난 후 누군가는 깊은 여운을 즐기며 서서히 음악에서 빠져나오는 반면, 누군가는 아무런 소득 없이 시간을 낭비했다며 툴툴거리기도 합니다. 첫 화음이 무너졌다느니, 미스터치(실수로 음을 놓치거나 다른 건반을 치는 것)가 많았다느니, 템포가 빨랐다느니 이런저런 허점을 찾아내며 비판하기도 합니다.

음악을 듣는 태도에 정답이 있다고 말하고 싶은 것은 아닙니다. 그러나 확실한 것은 음악은 듣는 사람에 따라 완전히 다른 모습으로 변화합니다. 그래서 무엇보다 내 자신을 돌아봐야 합니다. 내가 바뀌면 음악도 바뀝니다. 이왕이면 좋은 쪽으로 가꾸고 바뀌는 것이 나에게도 이롭습니다.

애호가의 호응 없이 시간을 건널 수 있는 작품은 없습니다. 음악 작품은 음악을 사랑하는 사람들과 함께 성장합니다. 그런데 종종 클래식 애호가를 두고 음악에 대해 잘 모른다거나 좋은 취향이 아니라고 치부하는 경우가 있습니다. 개인적으로 음악을 가장 순수하게 사랑하는 사람, 음악을 가장 많이 소비하는 사람, 음악에 가장 압도적인 영향을 끼치는 존재가 바로 클래식 애호가라고 생각합니다.

애호가는 당장은 아니어도 결국은 가치 있는 음악을 알아봅니다. 전대에 제대로 평가받지 못한 예술가가 있더라도 다음 또는 그다음 시대에서 결국 옥석을 가려냅니다. 음악에 대해 많은 경험과 지식이 없다 해도 누군가 어떤 음악을 진심으로 좋아한다면 그 의견을 결코 무시해선 안 됩니다. 결국 음악을 아끼고 사랑하는 사람이 모여 클래식의 흐름을 바꾸고 좋은 방향으로 이끌기 때문입니다.

괴테, 니체, 톨스토이, 위고, 아인슈타인, 헤세, 하루키 등 이름만 들어도 알 법한 위인들 또한 클래식 애호가입니다. 음악을 가장 위대한 예술이라고 생각했을 뿐만 아니라 적극적으로 향유하며 음악으로써 자신의 삶을 풍요롭게 했습니다.

　　　　　　　　　　　　　　　　　　

아프리카에서 수많은 사람을 치료하며 헌신한 슈바이처 박사는 바흐에 대한 저서를 여러 권 집필했을 정도로 지독한 바흐 음악 애호가였습니다. 또한 그는 바흐의 음악을 탁월하게 해석해내는 오르가니스트였습니다. 슈바이처 박사는 여러 도시를 오가며 오르간을 연주했고 사람들은 그의 연주를 좋아했습니다. 여기서 발생한 수입은 그가 아프리카에서 병원을 짓고 현대식 의료시스템을 구축하는 데 큰 역할을 했습니다.

아인슈타인 또한 엄청난 클래식 애호가였습니다. 부모님의 영향으로 음악을 배운 그는 어린 시절 이미 모차르트가 작곡한 대부분의 바이올린 소나타를 연주할 수 있었습니다. 아인슈타인은 "내 인생에서 가장 큰 기쁨은 나의 바이올린에서 온다"라고 말할 만큼 음악은 그의 삶에 엄청난 행복과 성과를 가져다줍니다. 음악은 그가 연구하는 학문에도 많은 도움을 주는 존재였습니다. 전 세계를 돌아다니며 바쁜 일정을 소화하는 외중에도 그는 항상 자신의 바이올린을 챙겨 다녔습니다.

▎애호가의 전성기

과거에는 소수의 사람만이 클래식을 제대로 즐길 수 있었습니다. 여러 군주와 귀족은 음악가를 고용해서 작곡이나 연주를 의뢰했습니다. 듣는 사람 역시 소수였습니다. 음악을 즐기기 위해선 오늘날에 비해 많은 비용과 노력이 필요했습니다. 음악에 가장 진심이었을 당대의 작곡가나 연주자 또한 긴 여행을 통해서만 다른 나라의 음악을 접하고 훌륭한 선배 음악가의 가르침을 받을 수 있었습니다.

음악가와 애호가의 음악에 대한 갈증은 레코딩이 가능해지면서 극적으로 해소되기 시작합니다. 1895년 무렵 소개된 초창기 레코드판의 재생시간은 90초 정도였다고 합니다. 그럼에도 내가 현장에 있지 않아도 대가의 음악을 들을 수 있다는 사실 자체가 큰 충격이었죠. 이후 LP 한 면당 재생시간이 5분, 9분으로 점차 증가했습니다. 레코딩 기술이 발달하면서 도이치 그라모폰과 같은 회사에서 좋은 품질의 음반이 제작되기 시작했고, 이러한 시대의 변화는 클래식 애호가에게 이루 말할 수 없는 기쁨이었습니다. 물론 품질이 좋은 음반의 경우 가격이 상당해서 월급을 아껴서 하나씩 장만해야 했죠.

1950년에 들어서는 재생시간이 30분까지 늘었고, 기술이 계속 발전해 한 지점에서 소리가 들리는 '모노'가 아닌 두 지점에서 동시에 소리가 들리는 '스테레오'가 출현합니다. 그 뒤에는 아시다시피 CD라는 것이 나와서 재생시간이 극적으로 늘어나 교향곡이나 오페라 전체를 음반에 담을 수 있게 되었죠. 1990년대 이후에는 마치 콘서트홀에 앉아 있는 것처럼 입체적인 사운드를 경험할 수 있게 됩니다. 클래식 애호가들은 새로운 기술이 나올 때마다 설렘을 느끼고 환호했습니다.

     1부 클래식 음악의 3가지 축

물론 발전이 워낙 빠르다 보니 지나간 세월을 그리워하는 경우도 있습니다. 작가 무라카미 하루키는 아직도 LP로 클래식을 듣는다고 합니다. 60여 년간 자신이 모은 클래식 LP를 공개하며 이를 소재로 책을 쓰기도 했죠. 독일에 있는 제 플루트 선생님도 여전히 CD를 모으고 있으며 CD플레이어를 통해 음악을 듣습니다.

그럼 오늘날의 젊은 클래식 애호가들은 어떨까요? 요즘엔 듣고 싶은 음악이 생겼을 때 그 음악을 듣기까지 10초도 채 걸리지 않습니다. 뛰어난 음질과 화질로 언제 어디서든 훌륭한 연주자의 곡을 마음껏 감상할 수 있습니다. 음악 스트리밍 앱이나 유튜브를 이용하면 간단합니다. 다 듣고 나면 같은 곡을 다른 연주자의 버전으로도 들을 수 있고, 같은 연주자의 다른 곡을 감상할 수도 있습니다. 마음에 드는 곡은 자신만의 플레이리스트에 추가해 언제든 다시 들을 수 있죠. 굳이 찾아 듣지 않아도 AI가 이용자의 취향에 맞는 여러 작곡가와 연주자의 음악을 추천해주기도 합니다.

세계 최고의 오케스트라 베를린 필하모닉은 2008년부터 '디지털 콘서트홀'이라는 플랫폼을 운영하고 있습니다. 베를린 필하모닉의 모든 공연을 인터넷이 닿는 곳이라면 어디서든 실시간으로 좋은 화질과 음질로 감상할 수 있습니다. 뉴욕의 메트로폴리탄 오페라 역시 수준 높은 품질의 오페라 공연을 온라인상에서 제공하고 있습니다. 이 밖에 프랑크푸르트 방송 교향악단, 북독일 엘프필하모니 오케스트라 등 전 세계 수많은 음악단체가 유튜브를 통해 무료로 공연을 공개하고 있습니다. 인터넷만 있으면 앉은 자리에서 이탈리아 극장의 오페라를, 빈 필하모닉 오케스트라의 왈츠를 들을 수 있습니다. 이름이 알려진 클래식 연주자의 리사이틀 연주도 마찬가지입니다.

온라인뿐만이 아닙니다. 마음만 먹으면 인터넷으로 티켓을 예매하고 비행기를 타고 날아가 원하는 공연을 직접 감상할 수 있습니다. 해외에 나가지 않더라도 세계적인 음악단체와 연주자의 내한공연이 활발히 이뤄지고 있습니다. 불과 100년 전, 아니 50년 전만 해도 불가능했던 일입니다. 클래식에 대한 접근성은 믿을 수 없을 만큼 좋아졌습니다. 우리가 음악을 들을 수 있는 곳이 과거에는 작은 우물뿐이었다면 현재는 드넓은 바다가 된 것입니다. 접근성만 따지면 클래식 애호가의 전성기라고 해도 과언이 아닙니다.

클래식을 듣는다는 것은 참 쉽고, 참 어렵습니다. 그냥 들으면 되는데 그냥 듣기가 힘듭니다. 클래식을 전공한 저도 클래식을 진심으로 좋아하기까지는 꽤 오랜 시간이 걸렸죠. 가치 있는 것일수록 때로는 힘들게 얻어집니다. 클래식에 푹 빠지기 위해서는 어느 정도의 꾸준함과 노력이 필요합니다. 그렇지만 음악에 대해 조금이라도 이해하면 그 시간을 많이 줄일 수 있습니다. 여러분은 제가 겪은 시행착오를 겪지 않길 바라며 2부에서는 클래식이 어떤 매력을 가졌는지 알아보겠습니다.

클래식 듣는 맛

보이는 세계와 보이지 않는 세계

"예술 작품은 답을 주는 대신 질문하게 하며 상반된 답들 사이에서
긴장을 유발하는 역할을 한다."

_레너드 번스타인

우리에게 A와 B의 세계가 있다고 가정해보겠습니다. A는 눈에 보
이는 세계이고 B는 눈에 보이지 않는 세계입니다. A는 의식의 세계
이고 B는 무의식의 세계입니다. A는 현실이고 B는 꿈입니다. A는 과
학으로 증명된 것이고 B는 과학으로 증명되지 않은 것입니다. A는

말하는 사람이고 B는 생각하는 사람입니다. A는 시간이 한정된 곳이고 B는 시간이 무한한 장소입니다.

우리는 B의 세계에서 왔습니다. 우리는 모두 보이지 않는 세계에서 왔습니다. 바로 엄마의 뱃속이죠. 누구도 아이의 모습을 볼 수 없고, 아이 또한 바깥세상을 볼 수 없습니다. 하지만 엄마는 아이를 느끼고 있고, 아이도 모든 것을 느끼고 받아들이고 상상합니다. 무의식 안에서 형성된 아이의 세상은 현실에 나온 이후에도 큰 영향을 미칩니다.

아이가 자라면서 세상을 알아가고, 지식을 습득하고, 일을 하고, 성과를 올리고, 똑똑해지는 동안 A의 세계는 점점 커집니다. 반면 B의 세계는 옅어지고 흐릿해집니다. 심지어 B가 존재하지 않는 것처럼 여기는 사람도 있습니다. 그러나 B는 분명 A를 압도할 정도로 광활하고 넓습니다. 어린아이의 호기심, 꿈과 같은 B를 가까이 하고 되찾을 필요가 있습니다.

▎좋은 음악은 질문을 남긴다

예술은 A의 세계에서 꾸준히 B의 세계를 다룹니다. 좋은 예술 작품은 답을 내놓는 것이 아니라 질문을 남깁니다. 내가 예술을 접하는 시점은 현재지만 과거와 미래가 함께 열리는 경험을 선사합니다.

평소에는 닿을 수 없는 어떤 지점으로 나를 데려다놓습니다.

음악은 눈에 보이지 않죠. 그런데 의외로 직관적입니다. 듣자마자 느껴지는 감정이나 감동은 다른 예술 세계에서는 쉽게 접하기 힘든 것이죠. 한편으로는 수수께끼처럼 느껴지기도 합니다. 뭐라고 말로 표현하기 힘들 때가 많습니다. 그러한 수수께끼를 접하고 풀면서 우리는 비로소 생각을 하고 상상을 펼치고 짙은 감정을 느낍니다. 음악은 보이지 않는 B의 세계가 아주 넓다는 것을 일깨워줍니다.

우리 시대를 대표하는 최고의 지휘자나 연주자를 한번 떠올려보세요. 그들은 마치 A의 세계가 없는 것처럼 작곡가가 만든 B의 세계에 무섭게 몰입합니다. 연주가 끝나기 전까지 그곳에 머무르고 싶어 합니다. A의 세계로 돌아온 이후에도 언제나 다시 매력적인 B의 세계로 돌아가길 희망합니다. 우리도 그들처럼 음악의 도움으로 보이지 않는 세계를 경험할 수 있습니다.

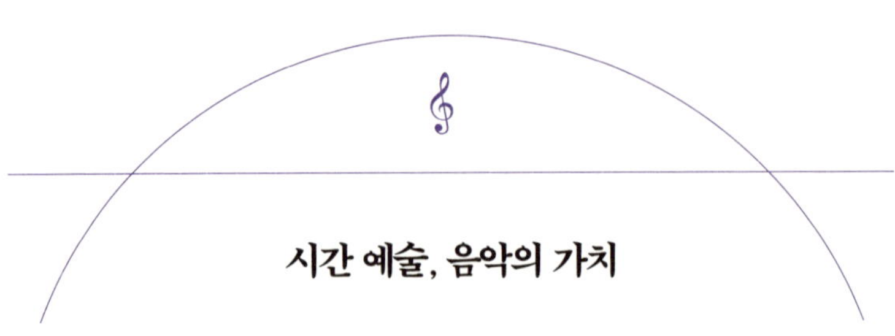

시간 예술, 음악의 가치

_괴테

우리는 길어야 100여 년을 살지만 음악을 통해 400년을 관통하는 시간과 감정을 아주 생생하게 경험할 수 있습니다. 음악은 일단 연주자를 통해 연주되기만 하면 통역과 번역이 필요 없습니다. 런던에 살든, 멕시코시티에 살든, 서울에 살든 장소와 문화가 달라도 음악은 그 자체로 온전히 전달됩니다.

천하의 바흐도, 모차르트도, 베토벤도 살아생전 자신이 만든 음악의 미래를 예측하긴 힘들었을 것입니다. 실제로 바흐의 수많은 작품은 그가 세상을 떠난 뒤 누구에게도 연주되지 못한 채 100년 이상의 긴 시간을 먼지 낀 악보로만 존재했습니다. 모차르트의 작품도 소수의 사람을 위한 음악이거나 단지 돈을 버는 수단에 불과할 때도 있었습니다. 베토벤의 위대한 교향곡과 현악 4중주는 초연 당시 관객과 비평가로부터 끔찍한 비판에 시달렸습니다.

작곡가가 고심 끝에 자신의 악상을 악보에 옮기고, 출판하고, 연주자를 섭외하고, 음악을 무대에 올리고 나면 남는 것은 오직 음악을 들은 사람과의 '소통'뿐입니다. 하나의 음악이 이런 소통을 지속하면서 오랜 시간을 버티고 건너는 일은 결코 만만치 않습니다. 날마다 세상에는 수많은 음악이 탄생하고 사라집니다. 불과 수년 전전 세계를 떠들썩하게 했던 히트곡임에도 지금은 제목조차 기억나지 않을 때가 있습니다.

시간을 건너기 위해서는 음악의 예술적 가치가 충분해야 하고, 더불어 사람들의 지속적인 호응과 공감을 이끌어내야 합니다. 또한 시대와 듣는 사람이 계속 변화하기 때문에 음악은 과거에만 머물러 있으면 안 됩니다. 어떤 음악이든 연주자와 애호가와 함께 끊임없이 변화해야 합니다.

안토니오 비발디(Antonio Vivaldi, 1678~1741년)가 작곡한 〈사계〉라는 작품이 있습니다. 작곡 시기는 정확히 밝혀지지 않았지만 대략

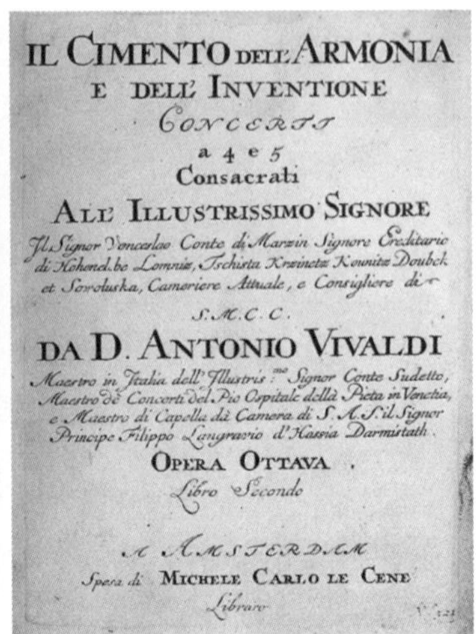

비발디의 초상화(좌)와 〈사계〉의 타이틀 페이지(우)

300년 전에 세상에 나온 뒤 지금까지도 전 세계에서 사랑받으며 활발히 연주되는 음악입니다. 비발디의 〈사계〉는 각 악장마다 계절을 묘사하는 짧은 시(소네트)가 있어 듣는 이의 이해를 돕고 있으며 당시에는 보기 드문 표제음악의 성격을 띠고 있습니다.

300년 전에 쓰인 이 바이올린 협주곡은 수많은 연주자와 연주단체에 의해 수천수만 가지 버전으로 재해석되었습니다. 그렇게 묵묵히 관객과 함께 300여 년의 시간을 건너왔습니다. 곡을 들으면 봄, 여름, 가을, 겨울의 풍경이 자연스럽게 머릿속에 그려지죠. 물리적으로는 악기에 의해 나는 소리를 귀로 듣고 있을 뿐이지만 청각뿐만 아니라 후각, 촉각도 자극하며 많은 상상을 불러일으킵니다. 이런 감각들이 어우러지면서 빗방울 소리, 바람 소리, 따뜻한 햇살, 매서운 추위, 새들이 지저귀는 소리도 느낄 수 있습니다.

이 작품을 통해 우리는 18세기 유럽의 사계절 풍경을 그려볼 수 있을 뿐만 아니라, 놀라울 정도로 마음에 공감을 불러일으킵니다. 클래식 명곡은 이렇게 시대와 사람들의 이야기를 담은 채 오랜 세월 우리 곁에서 사랑받고 있는 한 조각의 시간예술입니다.

과거의 작곡가는 인생을 바쳐서 탄생시킨 자신의 작품이 오래오래 사랑받기를 원했을 것입니다. 우리는 지금, 그들이 꿈꾸던 미래에 있습니다. 시간이 흐르는 동안 안타깝게도 수많은 작곡가의 이름이 우리의 기억에서 사라져버렸고, 그들의 음악도 우리에게 와 닿지 못했습니다. 연주자와 애호가와 함께 묵묵히 시간을 건너온 소수의 음악만이 우리 곁에 남아 생생하게 숨 쉬고 있으며 이들의 역사는 아직 끝나지 않았습니다.

모든 음악은 철저히 고유하다

제가 과거부터 줄기차게 듣는 곡이 있습니다. 바로 요하네스 브람스(Johannes Brahms, 1833~1897년)의 〈인터메조(Op.118-2)〉입니다. 여러 연주자의 연주를 듣다 보니 저도 모르게 생긴 습관이 있습니다. 누가 가장 최고의 연주를 하는지 순위를 매기는 일입니다. 물론 음악과 관련한 '순위 매기기'는 취향의 영역이니 큰 의미를 부여하기는 힘듭니다.

한때는 포근하고 따뜻하게 들리는 엠마누엘 액스의 연주를 가장 좋아했고, 마음속 깊이 울리는 라두 루푸의 연주에 푹 빠진 적도 있습니다. 글렌 굴드의 〈인터메조〉도 매우 흥미로웠고, 템포의 유연함을 가지고 고백하듯 들리는 그리고리 소콜로프의 버전도 좋았습니다. 백건우, 손열음, 김선욱, 조성진과 같은 한국의 피아니스트 역시 음반이나 공연을 통해 이 곡을 많이 연주했죠. 모두 해석이 탁월할 뿐만 아니라 연주자의 성격이 선하게 그려집니다. 최근에는 안드라스 쉬프가 앙코르 등으로 많이 연주하고 있는데 브람스가 의도한 음악의 구조가 한눈에 보이는 느낌이 들더군요.

그러다 유튜브에서 우연히 시청한 영상이 있습니다. 독일의 피아니스트 라르스 포그트의 연주입니다. 그는 2022년 4월 1일에 프랑크푸르트 방송 교향악단과 베토벤 협주곡을 연주하고 앙코르로 이 곡을 연주했습니다. 그로부터 5개월 후인 2022년 9월 그는 51세의 나이로 세상을 떠납니다. 4월에 이 연주를 할 당시에는 이미 심각한 식도암을 앓고 있었습니다. 점점 악화되는 병세에도 그는 자신이 할 수 있는 선에서 연주를 묵묵히 이어나갔습니다.

2022년에 한 인터뷰에서 포그트는 병원에서 의사들과 보내는 시간이 많아진 현재에 더욱 음악이 얼마나 놀라운 존재인지 깨닫고 있다고 말했습니다. 매번 여러 사람과 음악 작업을 하며 멘델스존, 베토벤과 같은 작곡가와 가까워지려고 노력하는 자신의 일이 생사를 초월한 멋진 일이라고 말했습니다. 오랫동안 좋아한 피아니스트지만 저는 그가 세상을 떠난 줄도 모르고 이 앙코르 연주 영상을 접했습니다. 연주를 들어보면 포그트의 감정과 생각이 고스란히 음악에 드러나고, 모든 터치에 그의 색깔과 스타일이 담겨 있음을 알 수 있습니다. 작곡가 브람스에 가까워지려는 그의 노력이 여실히 느껴집니다.

'Brahms: Intermezzo A-Dur op. 118 Nr. 2·Lars Vogt'
(hr-Sinfonieorchester – Frankfurt Radio Symphony,
2022년 4월 25일)

포그트를 비롯해 모든 연주자의 연주는 철저히 고유합니다. 같은 부모님을 가진 형제일지라도 성격과 모습이 다르듯이, 모두 같은 악보가 낳은 음악이지만 자세히 들여다보면 다른 모습을 하고 있습니다. 그래서 굳이 누가 최고인지 순위를 매길 필요는 없습니다. 우리는 그저 브람스가 남겨놓은 그의 일부와 연주자들이 꺼낸 그들의 일부가 합쳐진 결과물을, 그 예술품을 있는 그대로 받아들이면 됩니다. 음악의 고유성을 마음껏 누리면 됩니다. 음악에 정답은 없습니다. 정답이 있어서도 안 됩니다. 그래서 음악은 흥미롭고 무한합니다.

'이번만큼 더 좋은 연주는 있을 수가 없다' '오늘 공연은 내 인생 최고의 공연이다' 하는 생각은 언제나 새로운 공연으로 깨지기 마련입니다. 제 마음속에서 '최고'는 늘 새로운 경험으로 대체되었습니다. 그래서 언젠가부터 그런 생각을 아예 하지 않게 되었습니다. 그냥 오늘 내가 듣는 음악이 제일 좋고, 오늘 내가 객석에 앉아 듣는 연주가 제일 좋다고 생각합니다. 작곡가의 고민이 담긴 음악, 누군가가 정성껏 준비한 연주를 듣는 것만으로 감사하고 즐거운 일이니까요.

세상에 존재하는 모든 감정

_모차르트

언어로 표현할 수 없는 것도 음악으로는 표현할 수 있습니다. 대표적인 것이 사람의 감정입니다. 음악에는 감정이 들어 있습니다. 감정이 배제된 음악은 오랜 시간 사랑받기 힘듭니다. 음악 안에 담긴 감정이 우리의 감정과 맞닿는 순간, 우리는 음악을 좋다고 느낍니다. 여러 심리학자가 이 '좋다고 느끼는 것' 하나만으로 우리의 불편한 감정이 해소되고 치유되는 효과가 있다고 말합니다.

감정의 종류는 몇 가지일까요? 단순히 기쁨과 슬픔 또는 긍정적이고 부정적인 마음으로 나눈다면 2가지로 분류할 수 있습니다. 미국의 심리학자 폴 에크만은 인간의 감정을 기쁨, 슬픔, 혐오, 놀람, 분노, 공포로 크게 6가지로 구분했습니다. 공자가 체계화한 유학에서는 인간의 감정을 칠정으로 구분합니다. 희(喜), 노(怒), 애(哀), 구(懼), 애(愛), 오(惡), 욕(欲)이 그것입니다. 2017년에 캘리포니아대 소속의 심리학 연구진은 실험을 통해 인간의 감정을 27가지로 구분했습니다.

감정과 관련된 영단어의 수는 2,600여 개이고 한국어로는 434개가 있다고 합니다. 그러나 사람은 언어로는 규정할 수 없는, 온전히 표현할 수 없는 복잡다단한 감정을 가지고 있습니다.

18세기에 활동한 음악이론가 요한 니콜라우스 포르켈은 '음악은 보편적인 감정의 언어'라고 말했습니다. 그만큼 음악은 언어로는 표현할 수 없는 아주 미묘하고 섬세한 감정을 담아낼 수 있습니다. 그 감정은 각국의 언어, 국경, 문화를 뛰어넘습니다. 어떨 때는 한순간의 화성의 울림이나 몇 초 정도 되는 멜로디만으로도 놀라울 정도로 정확하게 전달됩니다. 언어로는 표현하기 힘든 감정도 음악에서는 아주 투명하고 수월하게 전달됩니다.

보통 음악은 추상적이라고 말하죠. 그런데 감정을 표현하는 데 있어 음악은 추상적이지 않습니다. 오히려 놀랍도록 구체적입니다. 음악과 감정이 만날 때 우리는 위로와 감동을 받습니다. 이런 경험은 음악에서는 아주 흔한 일입니다.

한편 클래식 안에는 내가 겪어보지 못한 감정도 많이 들어 있습니다. 때때로 이러한 감정과 마주하면 눈물이 나기도 하고, 가슴이 터지도록 아프기도 합니다. 연주자로서 곡을 접할 때 종종 이런 일을 겪습니다. 예를 들어 종교음악에서 종종 등장하는 찬란한 순간이나 죽음의 고통을 표현하는 절망적인 순간은 제가 실생활에서는 겪어본 적이 없는 감정입니다. 나의 세상에서 겪어보지 못한 감정을 음악에서 만나는 경험 역시 특별합니다. 내 안에 있는 감정을 음악이 어루만질 때도 있지만, 음악에 있는 감정을 내가 어루만지게 될 때도 있는 것이죠.

기억, 감정 그리고 음악

앞서 말했듯이 작곡가는 작품에 감정을 담고, 연주자는 연주에 감정을 싣고, 듣는 사람은 감정을 느끼는 일련의 과정이 바로 클래식을 지탱하는 힘입니다. 우리는 모든 것을 다 기억하지 못합니다. 그러나 짙은 감정이 움직이면 우리 뇌는 그것을 저장합니다. 뇌과학자 박문호 박사는 '기억'의 동의어가 '감정'이라고 말합니다. 기억이라 쓰고 감정이라고 부르라고 권하기도 합니다. 그래서 기억이 많다는 것은 곧 감정이 풍부하다는 의미입니다.

어떠한 감정을 불러일으키는 음악 또한 기억과 밀접하게 이어져 있습니다. 우리는 이미 이를 몸으로 알고 있습니다. 기억 속에 오래 자리 잡은 명화를 한번 떠올려보세요. 음악을 주제로 한 영화가 아니어도 대부분 예외 없이 훌륭한 OST가 영화에 힘을 실어줍니다. 엔니오 모리꼬네가 작업한 '시네마 천국'의 OST는 단순히 영화를 살리는 역할을 하는 데 그치지 않습니다. 오히려 우리의 감정을 지배하고 영화의 역사를 지배합니다. 영화 때문에 음악을 기억한다고 생각할 수 있지만 사실은 반대일 수도 있습니다.

충격적으로 좋았거나 울컥하는 감정을 느낀 공연을 보신 적이 있나요? 제 인생에서 가장 강렬했던 기억에도 감정과 음악이 공존합니다. 독일 아이제나흐라는 도시에서 열린 공연을 보러간 적이 있습니다. 아이제나흐는 바흐가 태어난 도시로 유명한데요. 연주회는 고대 독일의 정신을 가득 담고 있는 바르트부르크성에서 이뤄졌습니다. 무려 1천 년의 역사를 지닌 성이었고 마르틴 루터가 신약성서를 독일어로 번역한 장소이기도 합니다. 바그너의 오페라 〈탄호이저〉의 영감이 된 곳이기도 합니다.

교수님의 초대로 가게 된 공연이자 제가 유럽에서 본 첫 공연이기도 했습니다. 처음 들어본 두 실내악 곡에 이어 마지막으로 순서로 루이스 슈포어라는 작곡가의 〈9중주 F장조〉가 연주되었습니다. 현악기인 바이올린, 비올라, 첼로, 더블베이스에 관악기인 플루트, 오보에, 클라리넷, 바순, 호른이 더해진 9명을 위한 곡이었습니다. 난생 처음 경험한 작곡가였고 생소한 편성의 연주였습니다. 그런데 곡이 시작하고 끝날 때까지 모든 음악이 너무 생생했습니다. 9중주라는 까다로운 편성이지만 모든 연주자가 내는 소리가 반짝였고, 함께 이루는 음색과 화성이 제 귀에는 거의 완벽하게 느껴졌습니다. '아, 이런 게 유럽 최고 연주자들의 실력이구나' 하며 거의 정신을 못 차리고 30분이 넘도록 음악에 푹 빠졌습니다.

돌이켜보니 그때가 2007년 8월이었네요. 그런데 20년 가까이 지난 지금도 당시의 기억이 놀라울 정도로 또렷합니다. 꽤 덥고 건조했던 날씨, 아이제나흐로 가는 열차의 어둡고 꿉꿉했던 실내, 기차역에서 바르트부르크성까지 이어진 숲길의 내음과 이국적인 나무의 모습, 1부 공연이 끝나고 마신 미지근한 스파클링와인, 공연이 끝나고 전속력으로 내달려 겨우 기차를 타고 땀을 뻘뻘 흘리던 저의 모습까지도요. 음악과 함께 그날의 기억이 뇌리에 콕 박혀 있습니다.

어떤 음악을 들으면 이렇게 타임머신을 탄 것처럼 시간 속으로 빨려 들어갈 때가 있습니다. 그래서 저는 요즘 오래도록 기억하고 싶은 특별한 순간과 마주하면 의도적으로 심혈을 기울여 음악을 고르고 잠깐이라도 집중해서 음악을 듣습니다. 먼 훗날까지 오늘을 기억할 수 있도록 말이죠.

마스터피스는 젊어진다

❙ 과거의 작품에 현재와 미래를 담다

작곡가는 세상을 떠나도 작곡가가 남긴 마스터피스(명작)는 시대를 건너갑니다. 이쯤에서 클래식(Classic), 즉 고전(古典)의 사전적 의미를 짚어볼까요?

오랫동안 많은 사람에게 널리 읽히고 모범이 될 만한 문학이나 예술 작품

태어난 연도와 무관하게 작품이 다시금 연주될 때는 젊어지기 마련입니다. 시대를 뛰어넘어 지금 이 순간 현장에 있는 사람들과 소통해야 하기 때문입니다. 고전은 우리가 살고 있는 시대를 담고 반영할 수 있어야 합니다. 한편으로는 미래도 그릴 수 있어야 합니다. 우리는 이 순간은 살고 있지만 오늘 연주된 이 작품은 다음 세대로, 또 그다음 세대로 이어져야 하기 때문입니다. 만일 작품이 계속 태어난 당시와 똑같이 연주된다면 오랫동안 많은 사람에게 널리 읽히고 모범이 될 만한 작품으로 남기가 힘들지도 모릅니다.

우리가 조성진, 임윤찬에 열광하는 이유도 이와 관련이 있습니다. 1부에서 말했듯이 음악이 오랫동안 사랑받기 위해서는 필연적으로 '들려주는 사람'이 필요합니다. 우리는 1600년대에 태어난 바흐와 헨델의 곡을 1900~2000년대에 태어난 연주자를 통해 전달받습니다. 젊은 연주자들은 우리와 같은 시대를 살고 있으면서도 수백 년 전 과거에 살았던 작곡가들의 세계를 이해하고 있습니다. 조성진, 임윤찬과 같은 뛰어난 연주자는 음악을 통해 작곡가와 은밀하고 깊게 소통합니다. 그 소통의 결과는 연주에서 여실히 드러납니다. 우리는 그들의 연주를 통해 비교적 수월하게 과거에 존재했던 위대한 예술가의 생각과 감정을 느낄 수 있습니다.

오페라에는 '레지테아터(Regietheater)'라는 말이 있습니다. 독일의 연출가 막스 라인하르트가 창안한 개념으로, 과거의 작품을 다루지만 연출가가 시대와 배경을 자유롭게 설정하는 연출 중심의 오페라를 말합니다. 극단적인 설정이나 시각적인 충격으로 거부감을 느끼는 분이 여전히 많은 것도 사실이죠. 그러나 한 작품을 완전히 다른 작품으로 보이게 만드는 레지테아터는 이제는 당연하게 받아들여지고 있습니다.

세계에서 가장 폐쇄적이고 보수적인 음악 페스티벌이라는 이미지를 가진 바이로이트 바그너 페스티벌 또한 마찬가지입니다. 바그너가 직접 만든 이 페스티벌에서 바그너의 작품은 완전히 해체되고 다시 조립됩니다. 이 과정에서 과거의 작품에 현재와 미래를 담아내려 노력합니다. 이로 인해 수많은 스타 연출가가 배출되기도 하지만 때때로 공연이 끝난 후 객석에서 엄청난 야유가 쏟아지기도 하죠. 원작에 대한 훼손이라고 폄하하는 경우도 있습니다. 그런데 이런 노력은 과거의 작품을 죽이는 것이 아니라 오히려 죽어 있는 작품을 살리는 일입니다. 우리는 죽지만 작품은 얼마든지 더 살 수 있습니다.

가끔 생각도 외모도 나이에 비해 젊은 교수님, 선생님을 만나 정말 놀라는 경우가 있습니다. 스타일도 젊고 신조어도 다 꿰고 있습니다. 무엇보다 후배 세대의 마음을 잘 이해하고 있습니다. 당연히 제자들과 소통이 수월하고, 학생들도 이런 선생님의 노력을 알아보고 좋아합니다. 음악에서 마스터피스는 이런 젊은 교수님, 선생님을 닮아 있습니다. 마스터피스는 연주자와 애호가와 함께 계속해서 젊어졌고 앞으로도 어쩌면 영원히 젊어질 것입니다.

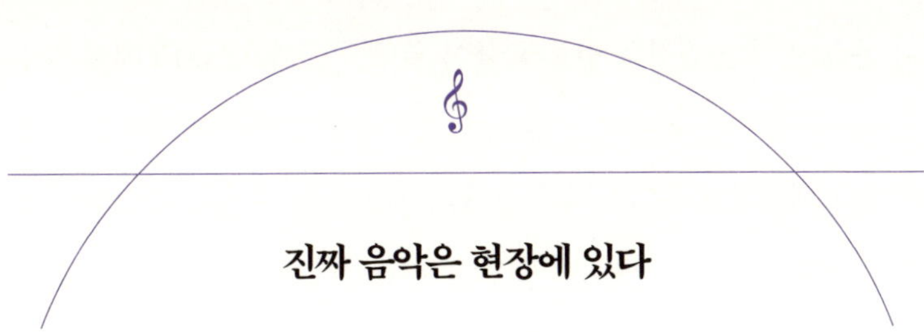

진짜 음악은 현장에 있다

규모가 작든 크든 진짜 음악은 공연장에 있습니다. 사실 저도 요즘에는 듣고 싶은 음악이 떠오르면 스마트폰이나 컴퓨터를 켭니다. 주로 이다지오, 애플뮤직, 유튜브, 디지털콘서트홀 등을 통해 음악을 듣습니다. 음악을 듣기까지 채 10초가 걸리지 않죠. 검색하는 요령이나 속도도 점점 빨라져서 그야말로 '패스트클래식'입니다. 그러나 이렇게 쉽게 듣는 음악의 가치와 현장에서 듣는 음악의 가치가 절대 같을 수는 없습니다.

저도 압니다. 솔직히 요즘 시대에 클래식에 관심 없는 사람이 굳이 돈을 써서 공연장을 찾을 확률이 얼마나 될까요? OTT에서 매일 새로운 콘텐츠가 쏟아지고 있고, 언제든 유튜브를 통해 좋아하는 연주자나 세계적인 음악단체의 공연을 무료로 볼 수 있음에도 말이죠. 물론 음악을 즐기는 방식에 정답은 없습니다. 그런데 만약 살아 있는 클래식을 알고 싶다면, 클래식을 제대로 즐기고 싶다면 앞서 말한 '굳이' 공연장을 찾아가는 수고를 들여야 합니다.

물론 공연장을 찾는 일은 불편한 점이 많습니다. 일단 이동시간과 공연시간을 고려해 최소 3시간에서 최대 5시간은 투자해야 하고, 인기가 많은 공연은 티켓 예매부터 치열합니다. 가격은 또 왜 이렇게 비싼지 지출이 상당합니다. 입고 갈 옷도 골라야 하고, 같이 갈 사람도 생각해봐야 합니다.

우여곡절 끝에 도착한 공연장. 공연이 시작되면 빨리 감기와 건너뛰기가 불가능합니다. 듣고 싶은 악장만 골라 들을 수도 없습니다. 처음부터 끝까지 정자세로 앉아 흘러나오는 음악과 강제로 시간을 보내야만 하죠. 갑자기 졸음이 밀려오면 그것만큼 괴로운 일은 없습니다. 작은 소리만 내도 옆에 앉은 관객이 눈치를 줍니다. 영화관처럼 자리가 편한 것도 아니고 중간에 나가기도 어렵습니다. 여기까지 읽었다면 공연장에 더 가기 싫어졌을지도 모르겠네요.

그런데 공연장에서 음악을 즐기는 사람에게는 이 모든 과정이 그저 즐겁고 행복합니다. 저는 공연이 있는 날이면 아침부터 기분이 좋습니다. 그날은 적당히 격식에서 벗어나지 않는 선에서 편한 옷을 고롭니다. 낮에는 업무로 지치고 힘들어도 저녁에는 공연을 볼 수 있어 하루가 즐겁습니다. 보통 공연을 앞두고 혼자 산책을 하는 편인데요. 누군가와 같이 가게 될 경우 미리 만나서 커피를 마시거나 저녁을 먹습니다.

자, 이제 공연이 시작됩니다. 독주 리사이틀, 실내악 연주도 즐겁지만 오케스트라 연주는 지루할 틈이 없습니다. 단원들의 표정은 어떤지, 지휘자는 어떤 동작으로 음악을 만드는지, 파트 간 악상 밸런스는 어떤지, 음악은 어떤 감정을 담고 있는지, 어떤 음색이 들리는지 연주 태도는 어떤지, 악기의 솔로에서 어떤 기량을 발휘하는지 확인하고 감상합니다. 같은 곡이어도 공연에 따라 아주 길게 느껴지기도 하고, 언제 끝났나 싶을 정도로 짧게 느껴지기도 합니다. 어떤 순간에는 이유 모를 뭉클함도 느껴지고, 가끔은 나도 모르게 미소를 짓기도 합니다. 관람에 방해가 될 수 있어 겉으로는 드러낼 수 없지만 마음속에서 수많은 감정이 롤러코스터를 탑니다.

▮ 현장에서 듣는 음악의 가치

1705년 20세의 바흐는 한 사람의 연주를 듣기 위해 무려 411km를 걷습니다. 17세기 후반부터 오르간 거장으로 이름을 떨친 디트리히 북스테후데(Diderich Buxtehude, 1637~1707년)의 연주를 두 귀로 직

　　　　　　　　　　　　　　　2부 클래식 듣는 맛

북스테후데의 초상화

접 듣고 싶었기 때문입니다. 고속도로가 깔린 지금도 자동차로 몇 시간이 걸리는 거리입니다. 마차를 탈 돈이 없었던 가난한 음악가 바흐는 한 달의 휴가를 얻어 자신이 살던 아른슈타트에서 뤼벡까지 걸어갔습니다. 북스테후데가 일하던 뤼벡의 성 마리아 교회를 방문하기 위함이었습니다.

직접 접한 북스테후데의 오르간 소리는 역시 황홀했습니다. 그가 작곡한 교회음악은 바흐에게 큰 충격을 주었습니다. 바흐는 한 달이었던 휴가를 세 달로 늘려 뤼벡에 머물렀습니다. 젊은 바흐는 북스테후데의 음악을 온몸으로 흡수했고 이는 훗날 바흐가 완성하는 엄청난 작품들의 기초가 됩니다. 그런데 만약 바흐가 유튜브에서 북스테후데의 〈파사칼리아 D단조(BuxWV 161)〉를 검색해서 들을 수 있었다면 어땠을까요? 같은 음악이어도 똑같은 충격과 영향을 받지는 않았을 것입니다.

사진과 영상이 출현하고 모든 것이 스마트폰 안에 있어도 여전히 우리는 종이에 잉크로 인쇄된 책을 읽습니다. 종이책과 관련된 산업이 불황일 수는 있어도 그 가치는 조금도 뒤로 물러나지 않았습니다. 수백 년 동안 꾸준히 사랑받은 모든 클래식 작품은 현장에서 소리로 전달되기 위해 만들어졌습니다. 어떤 장소나 공간에서 울리는 것이 클래식의 본질입니다. 그렇기에 현장에서 듣는 음악이 진짜 음악이며 그 가치는 시간이 지나도 변하지 않습니다.

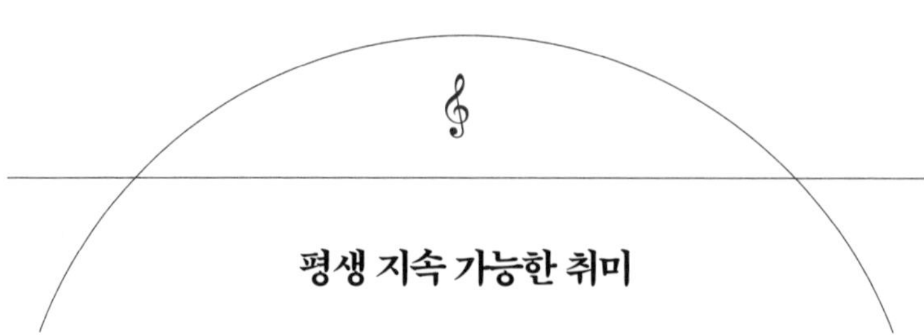

평생 지속 가능한 취미

▎클래식은 드넓은 숲

저는 고작 20년 차 클래식 애호가입니다. 클래식을 전공했고 꽤 많이 들었다 자부하니 '고작' 대신 '무려'라는 말을 쓰고 싶지만 이 분야의 다른 고수들의 구력 앞에선 작아질 수밖에 없습니다. 유튜브를 하다 보면 저보다 나이 많은 구독자와 자주 만나게 되는데요. 이야기를 들어 보니 경력이 20~30년은 가뿐히 넘는 경우가 많더라고요. 저와 함께 콘텐츠를 만들고 있는 클래식 음악 칼럼니스트 유정우 선생님이나 저를 가르친 독일의 교수님의 경우 클래식 애호가로 살아온 지 40년이 넘었다고 합니다. 작가 무라카미 하루키는 60년 차 클래식 애호가로 알려져 있습니다.

저는 클래식을 소개할 때 '드넓은 숲'이라는 표현을 자주 씁니다. 알면 알수록 그렇습니다. 매일 새로운 작품을 접하고 발견하는 것은 물론이고, 알고 있던 곡도 시간이 지나면 다르게 들리니까요. 게다가 지금도 매일 새로운 작품이 탄생하고 있고, 알려지지 않은 작품이 생명을 얻고 되살아나기도 합니다. 클래식을 어느 정도 들어본 경험이 있다면 잘 알고 있겠지만 클래식은 깊이 파고들수록 들을 게 많아집니다. 끝이 없어요. 그게 클래식의 가장 큰 매력입니다.

한 시대만을 풍미한 음악이 아닌 17세기부터 21세기까지 작품들이 무한에 가깝게 펼쳐져 있기 때문에 의도치 않게 공부도 필요합니다. 듣다 보면 '왜 이런 이름일까?' '왜 이런 악기를 썼을까?' '왜 이런 감정을 느꼈을까?' 등 궁금증이 많아집니다. 그래서 작곡가나 연주자에 대해 찾아보고, 또 새로운 것을 알게 되고, 다시 음악을 들으면 이전과 다르게 들립니다. 원하든 원하지 않든 음악을 좋아하는 한 배움에는 끝이 없습니다. 저도 이런 경험이 반복되다 보니 참 바쁩니다. 바쁜 게 좋습니다. 새로운 곡을 들을 때면 설레고, 알고 있는 곡을 다시 들을 때도 설렙니다.

물론 이런 애호가 '상태'에 이르기까지 쉽지 않은 길을 거쳤습니다. 어떤 분은 하루아침에 클래식의 매력에 푹 빠지기도 하고, 어떤 분은 저처럼 오랜 시간을 들여 애호가가 되곤 합니다. 한 가지 확실한 것은 일단 애호가가 되면 클래식과 평생 함께하게 된다는 것입니다. 다른 데서 얻을 수 없는 감정과 즐거움을 느낄 수 있기 때문입니다.

저는 예전부터 취미가 많은 편이었습니다. 농구, 요리, 사진, 와인, 테니스, 독서 등 좋아하는 게 참 많습니다. 그런데 그중에 클래식 듣기처럼 꾸준히 길게 한 것은 없더라고요. 또 이보다 가성비 좋은 취미도 없다고 생각합니다. 물론 가끔 연주회 티켓을 사느라 큰 지출이 생기기는 하지만 굳이 연주회가 아니더라도 클래식을 즐길 방법은 많으니까요.

저는 이 행복을 여러분과 공유하고 싶습니다. 그래서 이 책을 집어든 여러분이 꼭 클래식과 친해지고 클래식을 좋아하는 '상태'에 도달했으면 좋겠어요. 도움이 필요하면 제가 할 수 있는 한 열심히 도와드릴게요. 도달한 이후에는 제 도움이 필요 없을 것입니다. 알아서 찾고 공부하고 평생 행복하게 클래식을 듣게 될 테니까요.

애호가의 조건

애호가가 되는 조건은 없다

애호가를 영어로 하면 그냥 '러버(Lover)'입니다. 음악을 듣는 사람을 가리켜 '리스너(Listener)'라고 부르기도 합니다. 독일에서는 '무언가에 애정과 사랑을 가진 사람'을 가리켜 '립하버(Liebhaber)'라고 부릅니다. 립하버는 애호가인 동시에 연인이라는 뜻도 있습니다.

그런데 클래식 애호가라고 해서 특별한 조건이 있는 것은 아닙니다. 누군가 '어떤 음악 좋아하세요?'라고 물을 때 '클래식을 좋아합니다'라고 대답할 수 있다면 클래식 애호가라 할 수 있습니다. 다른 조건은 없습니다. 흔히 클래식을 좋아한다고 하면 왠지 고지식하고, 어렵고, 따분하게 느껴집니다. 아마도 클래식을 고리타분하다고 느끼는 사람이 많아서 그렇겠죠. 게다가 클래식은 역사가 아주 긴 음악이다 보니 입문자 입장에서는 두터운 장벽과 문화의 차이에 압도되기 쉽습니다. 그래서 클래식을 듣는 대부분의 사람은 스스로를 '입문자' '클린이' 등으로 표현하며 자신을 낮추기도 합니다. 왠지 어디서 클래식 좀 듣는다고 자랑하면 안 될 것 같거든요.

팝, 힙합 심지어 재즈와 같은 장르에서는 좋아하는 음악 몇 곡, 아티스트 몇 명만 알아도 그 장르를 좋아하고 잘 안다고 말합니다. 그런데 클래식은 왠지 그 작품의 모든 것, 예를 들어 작곡가에 대한 정보나 배경지식을 상세히 알기 전까지는 안다고 말하면 안 될 것 같은 기분이 듭니다. 그런데 제 생각엔 클래식도 다른 장르처럼 '가볍게' 즐겨도 괜찮습니다. 그래도 됩니다. 좋아하는 작곡가 한 명, 자주 듣는 음악 한두 곡 정도만 있어도 됩니다. 그래도 애호가입니다.

물론 다소 고지식한 클래식 애호가의 경우 입문자의 얕은 지식을 무시하는 경향이 없지 않습니다. 그들은 때때로 많은 관객을 동원하는 대중적인 클래식 공연을 수준이 낮다며 비판하기도 합니다. 또 요즘 인기를 끌고 있는 클래식을 소재로 가볍게 콘텐츠를 만드는 유튜브 채널도 외면해버리죠. 저는 클래식을 사랑할수록 이런 배타적인 생각을 최대한 버려야 한다고 생각합니다. '내가 사랑하는 클래식은 저런 게 아니야!'라고 외치고 싶은 마음은 충분히 이해합니다. 그러나 각자 클래식에 관심을 갖게 된 이유와 좋아하는 방식이 다를 수 있음을 인지할 필요가 있습니다.

유럽의 여러 음악단체는 매년 젊은 관객을 공연장으로 유인하기 위해 예산을 쓰고 노력을 기울입니다. 겪어본 분은 알겠지만 그럼에도 유럽의 공연장에는 할아버지, 할머니가 대부분입니다. 그래서 클래식은 노년층의 전유물처럼 느껴지기도 합니다. 현지 공연계는 이미 오래전부터 위기감을 느끼고 있습니다. 그러나 한국은 다릅니다. 해외에서 온 연주자는 한국에서 공연을 할 때마다 놀라곤 합니다. 젊은 관객이 많기 때문입니다. 세계적인 국제 콩쿠르에서 젊은 수상자를 다수 배출한 영향도 있을 것이고, 클래식과 연주자에 대한 여러 TV프로그램이나 유튜브 채널의 영향도 있겠죠. 이유야 어쨌든 국내에는 젊은 클래식 애호가가 꾸준히 늘고 있습니다. 젊은 관객이 객석의 절반을 차지하는 것은 전 세계적으로 매우 이례적인 일입니다. 이들 한 사람, 한 사람이 우리나라뿐만 아니라 전 세계 클래식 음악계의 소중한 자산입니다.

저는 아직도 새로운 곡을 접하면 아무런 정보 없이 듣곤
합니다. 작품은 저마다 다른 고유한 성격과 정체성을 갖
고 있습니다. 그러한 성격을 아무런 선입견 없이 접해보
는 것입니다. 비슷한 이유로 저는 찾아서 듣는 음악도 좋
지만 랜덤 재생으로도 음악을 즐깁니다. 마치 새로운 사
람을 만나듯이 몰랐던 작곡가나 곡이 나오면 신선하고 반
갑습니다. 좋은 음악을 만나면 중간에 참지 못하고 곡명,
작곡가, 연주자를 찾아봅니다. 3부에서는 클래식을 제대
로 즐기는 법에 대해 알아보겠습니다.

클래식 제대로 즐기기

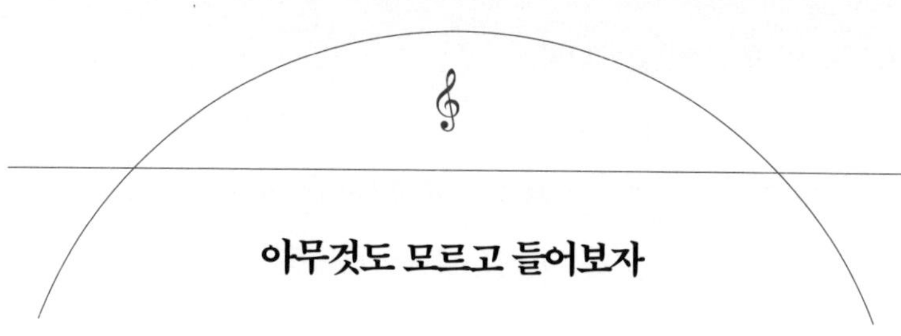

아무것도 모르고 들어보자

제가 처음 들었던 클래식은 대부분 플루트를 위한 음악이었습니다. 전공자였기에 연습해야 할 곡이 담긴 음반을 사서 들었습니다. 주로 제임스 골웨이, 수잔 밀란, 페터 루카스 그라프와 같은 플루티스트의 앨범이었는데요. 어떤 나라의 연주자인지도 모르고 그저 특정한 곡을 반복해서 들었습니다. 그리고 우연히 에마뉘엘 파위라는 연주자의 소리와 음악에 매료되어 그의 모든 음반을 수집하듯이 모았습니다. 별다른 공부 없이 그냥 계속 들었습니다. 그때는 앨범에 적힌 설명을 꼼꼼히 읽거나 따로 배경지식을 알아봐야겠다는 생각

3부 클래식 제대로 즐기기

자체를 안 했던 것 같습니다.

　이후 교향곡도 배경지식이 거의 없는 상태에서 듣기 시작했습니다. 오히려 그랬기에 신선하게 느껴졌습니다. 처음 빠져든 음악은 지휘자 세묜 비치코프와 서독일 방송 교향악단이 브람스 교향곡 전곡을 연주한 영상이었습니다. 당시에 저는 해군군악대에 복무하면서 3개월 동안 배를 타야 했는데요. 엄청난 파도와 끔찍한 멀미를 견디던 시기에 이 영상을 접했고, 4개 교향곡의 구석구석을 외울 정도로 곡이 닳을 만큼 들었던 기억이 납니다. 훌륭한 작곡가의 작품이 대체로 그렇듯이 예상 불가능한 전개와 다양하고 섬세한 감정이 곡 안에 고스란히 담겨 있었습니다. 그런데 당시에는 교향곡을 만든 작곡가가 어느 나라 사람인지, 어느 시대 사람인지, 어떤 성격을 가진 사람인지 아무것도 몰랐습니다.

　다 알고 들으려 하면 선입견이 생기기 쉽습니다. 내가 온전하게 듣고 느끼는 데 오히려 방해가 될 수 있어요. 사람들이 별로라고 생각하는 곡이 나에게는 좋은 곡일 수 있고, 엄청난 명곡이 나에게는 안 맞는 옷처럼 불편할 수 있습니다. 또 일부 클래식 작품은 매우 복잡하고 깊은 세계관을 다루고 있어 관련 정보가 방대한 편입니다. 이럴 때 공부하듯이 접근하면 순수한 호기심은 사라지고 지루함만 남을 수 있습니다. 그저 가벼운 마음으로 호기심 가득한 상태에서 새로운 음악과 영상, 공연을 접해보세요.

앞서 배경지식 없이 새로운 음악을 접하라고 조언했는데요. 이번에는 정반대의 이야기를 하려고 합니다. 모순이네요. 그렇지만 다음 단계로 넘어가기 위해선, 다시 말해 작품을 깊이 있게 이해하기 위해선 공부가 어느 정도 필요합니다. 선입견 없이 클래식을 듣고 그 과정에서 좋은 음악을 알게 되었다면, 이제 그 곡에 대해 자세히 알아볼 필요가 있습니다. 작곡가가 어떤 성품을 지니고 어떤 시대를 살았는지, 언제 처음 연주되었는지, 어떻게 이 작품이 오랜 시간을 건너왔는지 찾아보세요. 연주자에 대해서도 한번 살펴보세요. 어떤 레퍼토리와 강점을 가진 지휘자인지, 어떤 역사와 전통을 가진 오케스트라인지, 어떤 삶을 살아온 연주자인지 알아보는 것입니다.

'피아노의 시인'이라는 별명을 가진 폴란드의 작곡가 프레데리크 쇼팽(Frédéric Chopin, 1810~1849년)은 어린 시절부터 음악에 엄청난 재능을 보였습니다. 그는 폴란드뿐만 아니라 전 유럽에서 명성을 떨쳤고, 본인의 의사와는 관계없이 부모님과 친구들 그리고 스승의 설득으로 예술의 중심지인 파리로 가게 됩니다. 이 무렵 작곡된 〈에튀드(Op.10-3)〉를 들어보세요. 애절하고도 아름다운 선율에는 조국에 대한 쇼팽의 그리움이 고스란히 담겨 있습니다. 이 작품에 '이별의 곡'이라는 이름이 붙은 이유입니다.

쇼팽은 파리로 가는 길목에 있는 빈에 이르렀을 때 폴란드의 수

쇼팽의 사진

도 바르샤바에서 혁명이 일어났다는 소식을 듣습니다. 조국으로 발길을 돌리려는 쇼팽을 친구가 애써 만류했고, 아버지로부터 '조국을 위해 음악을 열심히 하는 것도 애국이다'라는 편지를 받고 결국 파리로 향합니다. 파리에 도착한 후 쇼팽은 수도 바르샤바가 함락되었다는 소식을 듣습니다. 이때 작곡한 곡이 〈에튀드(Op.10-12)〉입니다. 이 곡은 '혁명'이라는 이름으로 불립니다.

에튀드(étude)는 '연습곡'을 뜻하는 프랑스어입니다. 하지만 쇼팽의 애환이 담긴 두 작품은 오늘날 연습만을 위한 곡으로 머물러 있지 않죠. 이 딱딱한 이름의 두 곡을 직접 들어보세요. 작곡가의 삶의 굴곡은 음악에 고스란히 담기기 마련입니다. 시대와 배경을 알면 음악 감상이 단순히 소리를 듣는 것이 아닌 이야기를 듣는 것처럼 느껴집니다. 배경을 알기 전에는 들리지 않던 요소가 귀에 쏙쏙 들어옵니다. 한 사람이 살던 시대가 그려지고, 그 사람의 생각이 악보에 옮겨지는 과정에서의 감정과 고충이 보이고, 악보를 보고 해석하고 연습해서 전달하는 연주자의 노력과 고민까지 느껴집니다. 이 수준까지 온다면 음악에 대해 아무것도 모르는 상태에서 느낀 일차원적인 인상 이상의 감동을 경험할 수 있습니다.

'Dmitry Shishkin - Etude in E major Op. 10 No. 3 (first stage)'
(Chopin Institute, 2015년 10월 8일)

'Evgeny Kissin - Étude Op. 10, No. 12 in C minor
'Revolutionary"(Fabio So, 2012년 1월 21일)

그런데 어떻게 이런 정보를 알 수 있을까요? 요즘엔 인터넷 검색만으로 쉽게 알아볼 수 있습니다. 음반의 경우 보통 커버에 적혀 있습니다. 공연장에서는 현장에서 구할 수 있는 프로그램북을 통해 알 수 있습니다. 알고 나면 분명 처음에는 들리지 않던 무언가를 듣고 느낄 수 있습니다. 그렇게 곡을 깊이 들여다보기 시작하면 음악과 훨씬 가까워집니다. 이런 재미를 알면 나중에는 누가 시키지 않아도 다른 지휘자나 연주자의 연주를 찾게 됩니다. 그러한 과정을 통해 이른바 '최애곡'을 하나씩 만든다면 너무 좋겠죠?

유명하지 않아도 최고일 수 있다

유명하지 않아도 최고일 수 있습니다. 물론 유명해진다는 건, 사람들에게 사랑받는다는 건 분명 이유가 있습니다. 그렇지만 별로 알려지지 않은 음악도 최고의 감동을 선사할 수 있습니다. 여러 클래식 관련 도서, 음악사 교재에 출현하는 작곡가는 대체로 정해져 있습니다. 수백 년의 역사 안에서 가장 인정받고 좋은 작품을 많이 쓴 작곡가 몇몇이 등장합니다. 그렇지만 그들 외에도 시대의 한구석에서 평생을 바쳐 자신만의 음악을 만들어나간 수많은 작곡가가 존재합니다.

음악을 듣다 보면 처음 보는 작곡가와 심심찮게 만나게 됩니다. 그런 작곡가를 외면하지 않고 다양한 음악을 접하다 보면 덜 유명한 곡에 큰 감동을 받는 순간이 옵니다. 또 작곡가는 유명한데 알려지지 않은 작품도 다수 존재합니다. 희귀한 악기 편성이어서 그럴 수도 있고, 초기 작품인 경우도 있고, 다른 작품의 그늘에 가려져서 그럴 수도 있습니다. 유명세는 중요하지 않습니다. 가려진 곡이 나에게는 최고의 음악이 될 수 있습니다. 이 가능성을 놓치지 않았으면 좋겠습니다.

연주자 또한 마찬가지입니다. 이름만 대면 모두가 아는 연주자의 공연, 저도 참 좋아하고 모두가 좋아합니다. 그렇지만 덜 알려진 연주자라고 해서 꼭 연주력이 떨어지는 것은 아닙니다. 저는 덜 알려진 연주자나 연주단체의 공연에서 더 큰 감동을 받을 때가 있습니다.

유럽의 다른 음악대학이 그렇듯 저도 독일에서 음악대학을 다닐 때 학기마다 학생들이 자신의 연주를 발표하는 클래스연주에 참석했습니다. 그러다 우연히 음대생들의 작은 연주회를 매번 찾아주는 동네 할머니와 이야기를 나눈 적이 있습니다. 할머니는 정말 잘 들었다며 벌써 수십 년째 플루트 클래스연주를 듣는다고 하셨습니다. 숙달되지 않은 젊은 음악가의 연주를 듣는 것이 마냥 행복하다며, 그동안 젊은 연주자가 성숙한 프로 연주자가 되는 모습을 많이 봤다고 하셨습니다. 입장료도 무료인데 얼마나 감사하냐고 하시면서요.

저도 그날 이후 부러 다른 악기의 작은 클래스연주나 시골 교회의 오라토리오와 같은 공연을 많이 찾게 되었습니다. 그런 곳에서 느끼는 감동은 대형 공연장에서 느끼는 감동에 절대 뒤지지 않습니다.

제가 좋아하는 '덜 유명한' 작곡가와 연주자를 한 명씩만 소개해볼게요. 혹시 마리아 테레지아 폰 파라디스(Maria Theresia von Paradis, 1759~1824년)라는 작곡가를 아시나요? 그리고 플루티스트 파올로 타발리오네(Paolo Taballione, 1981년~)를 아시나요? 저에겐 너무 익숙하지만 모르는 분도 많을 것이라 생각합니다.

그녀는 1759년 오스트리아 궁정에서 일했던 요제프 안톤 폰 파라디스의 딸로 안타깝게도 아주 어린 나이에 시력을 잃은 여성 음악가입니다. 시각장애를 가졌지만 좋은 교육과 뛰어난 재능으로 가수, 피아니스트 그리고 작곡가로서 활동했습니다. 살리에리, 하이든, 모차르트와도 친분이 있었다고 합니다. 심지어 그녀의 의뢰로 〈모차르트 피아노 협주곡 18번 B플랫장조(K.537)〉가 탄생했다고 알려져 있습니다. 그녀는 이 작품을 파리 또는 런던에서 직접 초연했다고 합니다. 그녀는 작곡가로서도 많은 작품을 남겼는데요. 그중 소품(규모가 작은 작품)으로 〈시실리안느〉라는 곡이 있습니다.

저는 이 곡을 플루티스트 파올로 타발리오네의 연주로 처음 접했습니다. 파올로 타발리오네는 현재 바이에른 슈타츠오퍼 오케스트라의 수석 플루티스트이자 잘츠부르크 모차르테움의 플루트 교수로 재직 중인 연주자입니다. 그는 작곡을 전공한 후 플루트로 전공을 바꾼 음악가입니다. 〈시실리안느〉를 접한 후 직접 편곡해서 플루트

마리아 테레지아 폰 파라디스의 초상화

로 연주했습니다.

작곡가에 대해 아는 바가 전혀 없었지만 처음 이 곡을 들었을 때 너무 사랑스럽다는 느낌을 받았습니다. 이후 여러 바이올리니스트와 첼리스트의 연주를 찾아서 듣게 되었고, 곡이 너무 좋아서 제 연주회에서 직접 연주하기도 했습니다. 누가 소품 중에 어떤 곡을 좋아하느냐고 물으면 저는 언제나 첫 순위로 마리아 테레지아 폰 파라디스의 〈시실리안느〉를 꼽습니다.

'2022/11/11 Paolo Taballione-Sicilienne'
(DorianMusic, 2024년 1월 7일)

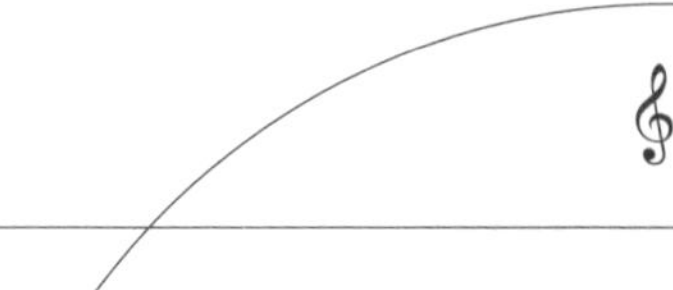

넓게 들을까, 깊게 들을까?

▌넓게 듣는다는 건 깊게 듣는다는 것

저도 처음에는 특정 악기, 특정 작곡가, 특정 연주자의 곡만 거듭해서 들었습니다. 어떤 분은 라흐마니노프를 좋아해 온 세상에 있는 라흐마니노프의 교향곡, 피아노 협주곡 음반과 영상을 꿰고 있고, 또 어떤 분은 바흐를 사랑해 바다와 같은 바흐의 음악 속에 푹 빠져 있기도 합니다. 제가 아는 어떤 분은 이탈리아 오페라 외의 다른 음악은 일절 듣지 않습니다.

그런데 저는 어느 순간 모르고 살기 아까울 정도로 좋은 음악이 세상에 너무 많다는 사실을 깨달았습니다. 또 깊어지려면 먼저 넓어져야 한다는 사실을 깨달았습니다. 그래서 일부러 같은 곡을 연속으로 듣는 습관에서 벗어나 다른 편성, 다른 시대의 곡, 다른 스타일의 연주자를 찾아 듣기 시작했습니다. 이렇게 넓고 다양하게 듣다 보니 각 시대의 음악 스타일이 훨씬 수월하게 귀에 들어오더라고요. 한 연주자의 특성이 다른 연주자로 인해 더 잘 파악되기도 하고요.

넓게 듣는 것은 깊게 듣는 것의 반대말이 아닙니다. 오히려 넓게 듣는 것은 깊어지기 위한 전제조건이라고 할 수 있습니다. 한 시대의 음악에 집중하는 것이 해당 음악을 깊게 이해하는 방법인 것처럼 보이지만, 사실은 다른 시대의 음악까지 두루 섭렵했을 때 보다 깊은 이해가 가능합니다. 바로크 시대의 음악을 듣고 나면 현대의 음악을 더 잘 이해할 수 있고, 낭만주의 음악을 들어야 고전주의 음악의 매력을 더 잘 느낄 수 있습니다. 특정한 음악 스타일에 꽂히는 그 심정을 누구보다 잘 알고 있습니다. 그렇지만 숲 전체를 보는 노력을 기울이면 훨씬 더 넓은 세계를 경험할 수 있습니다.

우리는 21세기에 살고 있습니다. 이제는 과거와 달리 시대를 아주 쉽게 넘나들 수 있습니다. 바흐는 모차르트의 음악을 듣지 못했고, 베토벤은 바그너의 음악을 들을 수 없었습니다. 우리는 시대를 자유로이 넘나들면서 마음껏 누릴 수 있습니다. 이런 소중한 기회를 한 시대의 음악, 똑같은 스타일의 음악에만 몰두하면서 낭비하지 마세

　　　　　　　　　　　　　　　　　　3부 클래식 제대로 즐기기

요. 쇼스타코비치를 들은 다음에는 헨델을 들어보세요. 쇼팽을 들은 다음에는 하이든을 들어보세요. 슈트라우스를 들은 다음에는 드뷔시를 들어보세요. 작곡가와 음악의 특징과 색깔이 더 선명하게 느껴질 것입니다.

곡 전체를 다 들어야 할까?

요즘은 짧은 영상이 대세입니다. 틱톡, 쇼츠, 릴스가 인기가 많죠. 그럼 클래식은 어떨까요? 짧은 곡도 있지만 스케일이 아주 큰 교향곡이나 오페라의 경우 30분을 넘는 것은 기본이고 3~4시간에 이르는 곡도 있습니다. 이런 경우 의문이 생깁니다. 끝까지 다 듣고 이해해야 클래식 애호가라고 할 수 있을까요?

저는 아니라고 생각합니다. 물론 작품 전체를 듣고 이해할 수 있다면 좋겠지만 우선은 일부 조각만이라도 듣고 흥미를 가지는 것이 더 중요합니다. 처음 클래식을 접했을 때 저는 편식이 심하고 입이 짧았습니다. 예를 들어 〈모차르트 클라리넷 협주곡 A장조(K.622)〉의 2악장만을, 라모의 〈새로운 클라브생 모음곡집〉 중 '외눈박이 괴물'만을, 슈베르트의 연가곡 〈겨울 나그네(D.911)〉 중 '봄날의 꿈'만을, 〈베토벤 교향곡 7번 A장조(Op.92)〉 중 1악장만을, 〈브람스 교향곡 3번 F장조(Op.90)〉 3악장만을 듣는 등 일부만 듣고 다른 곡으로 이동하곤 했습니다.

오페라에서는 더 심했습니다. 모차르트의 오페라 〈마술피리 (K.620)〉 중 '아, 나는 느끼네(Ach, ich fühl's)', 베르디의 오페라 〈라 트라비아타〉 중 '안녕, 지난날이여(Addio, del passato)', 레온카발로의 오페라 〈팔리아치〉 중 '의상을 입어라(Vesti la giubba)', 바그너의 오페라 〈탄호이저〉 중 '오 나의 성스러운 저녁별이여(O, du mein holder Abendstern)' 등 특정 부분만 반복해 듣곤 했습니다. 기나긴 오페라 중 찰나의 순간에 흘러나오는 곡이지만 저에게는 강렬한 인상을 심어줬습니다. 길게는 3~4시간에 이르는 곡 전체를 들을 자신은 없어서 특정 부분만 찾아서 들었습니다. 중요한 것은 나열한 곡을 즐기다 보니 작품 자체에 대한 관심으로 이어지면서 결국 전체를 듣게 되었다는 점입니다.

25세에 전역하자마자 동생과 함께 유럽 배낭여행을 떠난 적이 있습니다. 독일 뮌헨에서 남쪽으로 이동하다가 잘츠부르크에 잠시 들리게 되었는데요. 마침 세계 최대의 음악축제인 잘츠부르크 페스티벌을 하던 시기였습니다. 인터넷으로 일정을 보니 모차르트의 오페라 〈피가로의 결혼(K.492)〉 공연이 딱 잡혀 있더라고요. 그런데 거의 매진 상태였고 꼭대기 층 뒷자리에 서서 봐야 하는 입석만 구매 가능했습니다. 클래식에 흥미가 전혀 없던 동생은 굳이 비싸고 불편한 좌석에서 봐야겠냐고 했지만 저는 이런 기회는 다시 오지 않는다며 동생을 꼬드겼습니다. 결국 저희는 가져온 옷 중 나름대로 깔끔한

　　　　　　　　　　3부 클래식 제대로 즐기기

옷을 꺼내 입고 오페라를 봤습니다.

그 공연은 제 인생에서 가장 힘들고 지루했던 공연이었습니다. 여행 중이어서 몸과 마음이 꽤 지친 상태였고 3시간 동안 서서 잘 알지도 못하는 음악을 듣는 것이 꽤나 고역이었습니다. 제 동생은 한동안 클래식은 쳐다도 보기 싫어했고, 저도 그 이후로 10년 가까이 〈피가로의 결혼〉만큼은 듣지 않게 되었습니다. 이렇게 전곡 듣기는 오히려 위험할 수 있습니다. '클래식은 어렵다' '클래식은 길고 지루하다'는 인상만 남을 수 있기 때문입니다.

그런데 힘들고 버거웠던 공연에서 하나의 작은 조각만은 남았습니다. 바로 2막 중간에 나오는 시동 케루비노의 '사랑의 괴로움을 그대는 아시나요(Voi che sapete che cosa è amor)'라는 노래였습니다. 지루하고 힘든 와중에 이 곡이 나오는 순간 마치 사막에서 오아시스를 찾은 느낌이 들었습니다. 청량한 빈 필하모닉 오케스트라의 목관악기 소리가 귀에 탁 꽂혔고, 비브라토를 자제하고 아주 깨끗하고 섬세하게 노래한 성악가의 목소리도 환상적이었습니다. 이후 저는 〈피가로의 결혼〉은 듣지 않아도 이 곡은 틈틈이 찾아 들었습니다. 그러던 어느 날 케루비노라는 역할이 궁금해졌고 오페라 전체를 다시 듣게 되면서 지금은 없어서 못 듣는 오페라가 되었습니다. 이렇게 마음에 남는 작은 음악 한 조각이 중요합니다.

서곡만 들어도 좋고 도입부만 들어도 좋습니다. 가장 좋은 아리아 한 곡만 들어도 좋습니다. 바로 화려한 피날레만 들어도 좋습니다.

들다가 별로면 다른 음악을 들으면 그만입니다. 그래도 됩니다. 처음 클래식을 들을 때 가장 중요한 것은 클래식 자체에 대한 흥미를 유지하는 것입니다. 나에게 와 닿는 작은 음악 한 조각을 발견해보세요. 처음부터 전체를 들어야 하는 음악은 없다고 생각합니다.

'Christine Schäfer, Anna Netrebko & Dorothea Röschmann -
Mozart: Figaro, Act 2: Voi che sapete'
(Deutsche Grammophon - DG, 2020년 1월 26일)

                                   3부 클래식 제대로 즐기기

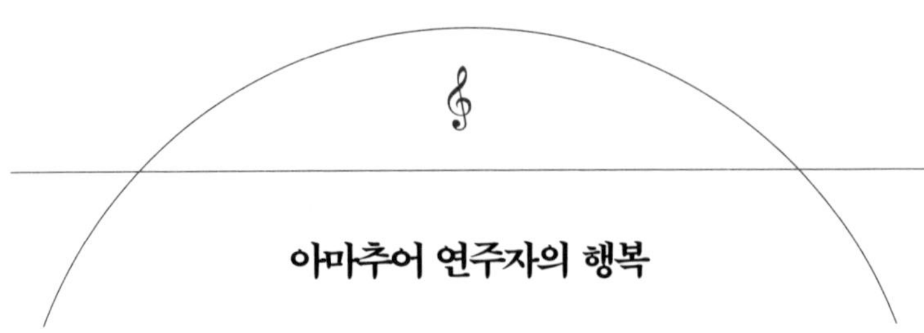

아마추어 연주자의 행복

하나의 악기라도 연주할 수 있게 되면 음악을 대할 때 많은 관점의 변화를 가져올 수 있습니다. 클래식 음악의 3가지 축에는 '들려주는 사람'도 포함되기 때문입니다. 그런데 장벽이 하나 있죠. 클래식을 들려주는 사람이 되려면 일단 악보를 읽을 줄 알아야 합니다. 악보는 음악의 언어입니다. 외국어를 배우면 외국인과의 소통이 원활해지듯이 악보 읽는 법을 배우면 작곡가와 소통하는 지름길이 열립니다. 악보 읽는 법은 생각보다 어렵지 않아요. '이참에 배워볼까?'라는 마음만 먹으면 이미 반은 성공입니다.

▌완벽하지 않아도 즐거운 연주

"피아노 앞에 앉으니 묘하게도 마음이 착 가라앉는다. 어차피 완벽한 연주란 불가능하다. 나는 그저 음악을 통해 이야기를 하고 싶을 뿐이다. 1년 넘게 매달린 개인의 탐험이 맺은 결실을 친구들과 나누고 싶을 뿐이다."

영국의 일간지 가디언의 편집국장이었던 앨런 러스브리저의 말입니다. 그는 하루에 20분씩 무려 1년을 연습해서 쇼팽의 난곡 중 하나인 〈발라드 제1번(Op.23)〉에 도전한 스토리를 자신의 책 『다시, 피아노 Play it Again』에 담았습니다. 신문사 편집국장이란 직업의 특성상 숨 돌릴 틈도 없이 바쁜 일상을 보내는 그였지만 매일 피아노 앞에 앉았습니다. 그가 연주한 쇼팽의 〈발라드 제1번〉은 완벽하지는 않을지언정 어떤 프로 연주자의 연주보다 음악과 피아노에 대한 사랑만큼은 듬뿍 담겨 있겠죠.

"향유하는 사람보다 참여하는 사람이 그것을 더 사랑할 수밖에 없다. 사랑하지 않고서는 온몸으로 참여할 수가 없다. 혹은 온몸으로 참여하면 더 사랑하게 된다. 그리하여 그것을 속속들이 싫어하고 낱낱이 사랑하게 된다."

                    3부 클래식 제대로 즐기기

『아무튼, 피아노』의 김겨울 작가는 피아노를 배우면서 자신이 겪은 감정과 이야기를 독자에게 낱낱이 전합니다. 책에서는 피아노를 연주하는 사람으로서 피아노 공연을 볼 때 느끼는 것에 대해 이야기하는데요. 감상의 폭이 대단합니다. 피아노를 직접 연주해보지 않고서 이 정도의 폭넓은 감상을 경험하기는 쉽지 않죠.

저는 때때로 아마추어 연주자가 되고 싶다는 생각을 합니다. 아마추어는 스포츠나 예술 분야에서 순수하게 '즐거움'을 위해 무언가를 하는 사람을 말합니다. 그런 아마추어가 부럽고 멋지게 느껴집니다. 저도 음악을 그렇게 대하고 싶거든요. 연습 과정에서 클래식의 높은 벽에 가로막혀 수없이 좌절하겠지만 생계의 목적이 아니기 때문에 다시 도전하고 연습하는 데 부담이 없습니다. 성취에 데드라인이 없기 때문에 순수하게 음악을 즐기고 음악과 대화할 수 있습니다. 배우고 싶은 악기가 있다면 늦었다고 생각하지 말고 도전해보세요.

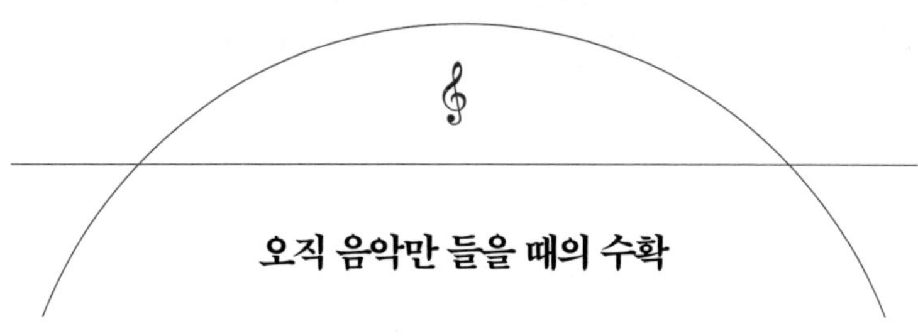

오직 음악만 들을 때의 수확

우리는 클래식을 백그라운드뮤직으로 자주 이용합니다. 청소, 운전, 독서 등 여러 상황에서 클래식을 틀어놓습니다. 우리가 원하지 않아도 카페, 호텔, 식당, 화장실, 지하철 등에서 클래식이 흘러나옵니다. 클래식은 TV, 영화, 라디오, 드라마, 광고의 배경음악으로도 자주 이용됩니다.

클래식과 더 빠르게 친해지는 방법이 있습니다. 아무것도 하지 않고 오직 음악만 듣는 시간을 만드는 것입니다. 이 방법은 사실 공연장에 가면 자연스럽게 이뤄집니다. 공연장에서는 의자에 몸을 고정한 채 시선과 귀를 무대 위로 집중시킵니다. 이렇게 공연장에서 음악을 듣는 방식을 집으로 옮기는 시도를 해봅시다. 음반을 이용해도 좋고, 영상물을 시청해도 좋습니다. 2분짜리 짧은 소품이어도 좋습니다. 침대에 누워도 되고, 편안한 소파에 앉아도 되고, 모니터 앞에 정자세로 자리 잡아도 좋습니다. 졸리면 잠깐 자도 좋습니다. 단 몇 분 만이라도 온전히 음악에 집중해보세요.

▎음악은 시간을 다루는 예술

음악은 시간을 다루는 예술입니다. 시작되는 순간부터 끝날 때까지 음악에 귀를 기울이면 우리의 시간도 그 음악을 따라서 흘러갑니다. 음악과 함께 나의 생각과 감정도 흘러갑니다. 게다가 서양음악은 대부분 다층적 구조를 가지고 있습니다. 여러 성부나 악기가 함께 울리면서 만들어가는 음악입니다. 불편하고 지루하고 졸려도 앉아서 끝까지 듣다 보면 얻어지는 '무언가'가 분명 있습니다. 그때 음악의 진짜 얼굴을 선명하게 볼 수 있습니다.

저는 이런 시간을 통해 작곡가에 대해 좀 더 자세히 알 수 있었고, 연주자가 어떤 마음으로 연주하는지 깊게 이해할 수 있었습니다. 같은 곡이어도 온전히 집중해서 들으면 작품 안에서 이전에는 느끼지 못한 보물을 발견하게 됩니다. 그래서 저는 10분 이상의 시간이 생기면 아주 신중하게 듣고 싶은 음악을 고르는 편입니다. 그렇게 잠시라도 음악에 귀 기울이는 시간을 갖습니다.

좋아하는 사람과 일대일로 만나 이야기할 때 시종일관 다리를 떨며 핸드폰을 만지작거리지는 않겠죠. 그건 상대에 대한 예의도 아니고요. 앞에 있는 사람의 눈을 보고 상대가 하는 말에 귀를 기울이며 반응해야 합니다. 음악도 한번 그렇게 들어보세요. 수동적으로 음악을 듣는 것과 내가 능동적으로 고른 음악과 마주하는 것은 큰 차이가 있습니다.

나만의 음악 감상 기록실

독일 유학 시절 일주일에 한 번은 오케스트라 공연이나 오페라 연주를 접했고, 사이사이 작은 실내악 공연이나 학생들의 연주를 들었습니다. 제가 직접 공연할 기회도 꽤 많았습니다. 공연장, 학교, 교회 등에서 주로 오케스트라, 솔로 그리고 실내악 연주를 했습니다. 가끔은 친구들과 길거리에서 버스킹을 했던 기억도 납니다. 자연스럽게 음악을 참 많이 접하고 들었습니다. 물론 자발적으로도 많이 들었지만 새로운 곡을 배울 때마다 교수님은 다음 주까지 듣고 오라며 10장 이상의 CD를 빌려주곤 했습니다. 제가 학습해야 할 곡과 관련

된 음반들이었습니다.

그런데 참 후회되는 점이 있습니다. 당시에는 음악을 접하는 게 쉽고 자연스러운 일이었기에 기록이라는 걸 전혀 하지 않았습니다. 공연 티켓은 잠깐 모으다가 청소할 때 버렸고, 연주했던 기억은 머릿속에만 어렴풋이 남아 있습니다. 많은 양의 음악을 들었기 때문에 그게 정확히 언제 들었던 음반인지, 어떤 곡이었는지, 정확히 누가 연주했는지 헷갈릴 때가 많습니다. 한국에서 접하기 힘든 바그너 작품의 공연도 수차례 봤지만 지금은 정확한 날짜와 내용을 떠올리기가 쉽지 않습니다.

그래서 음악 감상이 취미라면 어떤 방식으로든 기록을 남기는 것을 권하고 싶습니다. 자신이 들었던 음악과 공연에 대해 일기처럼 간략히 기록하는 것입니다. 수첩에 수기처럼 적어도 좋고, 태블릿 PC나 스마트폰도 좋습니다. 사진이나 영상까지 남겨두면 더 좋겠죠. 사람들과 의견을 나누는 데 거리낌이 없다면 블로그, 인스타그램과 같은 공개된 공간을 활용하는 방법도 있습니다. 간단한 사진과 함께 느낌이나 감상을 적는 것입니다. 길게 쓰거나 엄청난 비평을 담을 필요는 없다고 생각합니다. 흔히 인스타그램을 이용할 때 '피드에 박제한다'라고 표현하죠. 그저 남겨두는 것뿐이니 부담 없이 기록하기 바랍니다.

음악을 계속 듣다 보면 기억을 되짚어야 하는 순간이 옵니다. '내가 언제 이 작곡가의 음악을 들었지?' '내가 이런 공연을 봤나?' '내가 이때 무슨 생각을 했지?' 하는 생각이 들 때 미리 만들어둔 나만의 '클래식 감상 기록실'에 방문하면 됩니다. 음악에 정답은 없는 것처럼 음악 감상에도 정답은 없습니다. 내 취향과 생각에 따라 만들어진 나만의 클래식 감상 기록실을 만들어보세요.

현장에서 직접 음악을 듣고 음반, DVD, 블루레이 등 정식 출시된 상품을 구매해서 소장한다면 물론 좋겠죠. 그러나 그게 어렵다면 요즘은 클래식도 스트리밍이 가능하니 마음 편히 플레이리스트에 담아서 보관하면 됩니다. 간단한 코멘트와 함께 플레이리스트를 정리하는 방식으로 느낌이나 감상을 기록해보세요. 라디오와 유튜브 멤버십을 이용하는 방법도 있습니다.

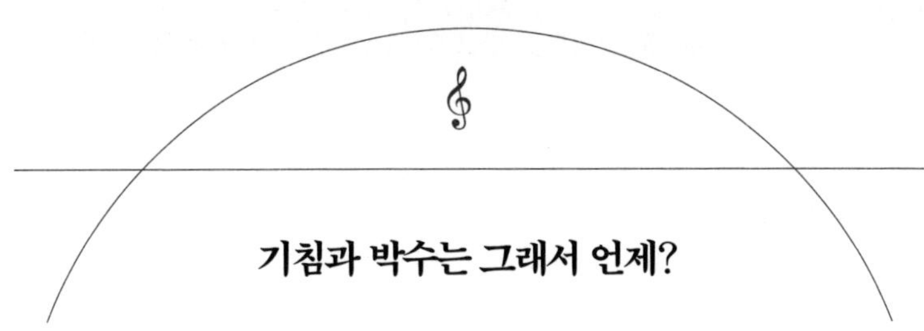

기침과 박수는 그래서 언제?

남이 아닌 날 위한 공연장 에티켓

공연장 에티켓은 남을 위한 것이기도 하지만 사실 자신을 위한 것입니다. 스피커나 이어폰이 아닌 현장에서 음악을 듣는 소중한 기회를 온전히 누리기 위해서는 몇 가지 에티켓을 지켜야 합니다. 내 시간이 귀한 만큼 남의 시간도 귀합니다. 음악을 듣기 위해 시간을 낸 다른 사람을 방해하지 마세요. 특별히 어렵고 복잡한 내용도 아닙니다. 다음의 몇 가지만 숙지하면 됩니다.

먼저 공연이 시작되기 전에 조금 일찍 도착해서 여유롭게 자리를 잡으세요. 연주자가 가장 고심해서 선정하는 것이 첫 번째 곡입니다. 첫 번째 곡이 아주 길거나 1부 전체인 경우도 있습니다. 첫 곡이 끝난 후나 악장과 악장 사이에 뒤늦게 입장하면 공연에 바로 집중하기가 꽤나 힘듭니다. 조금만 미리 도착해서 여유롭고 편안한 자세로 공연을 관람하기 바랍니다.

공연이 시작되면 나를 위해서도, 남을 위해서도 조용히 해주세요. 내가 움직이고 소리를 낼 때마다 음악에 온전히 집중하고 있는 누군가를 방해할 수 있습니다. 클래식은 아주 작은 진동과 들릴 듯 말 듯 한 소리로 이뤄진 부분이 많고, 심지어 아무 소리도 나지 않는 부분까지 음악의 일부입니다. 그런 작은 공기의 떨림을 듣는 것이 현장에서 클래식을 즐기는 이유 중 하나입니다.

바른 자세도 중요합니다. 혼자 집에서 음악을 듣는다면 어떤 자세든 좋습니다. 누워도 좋고요. 그렇지만 공연장에서는 엉덩이를 좌석 뒤에 붙여 나름대로 편한 자세로 똑바로 앉는 편이 좋습니다. 뒤에 앉은 사람을 배려해 좌우로 몸을 흔드는 일은 없어야 합니다. 앉은 키로 가려진 시야는 어쩔 수 없지만 앞사람이 움직이면 뒷사람도 움직이기 마련입니다. 그럼 뒷사람의 뒷사람까지 관람에 지장이 생기겠죠.

또 당연하게도 공연장 안에서 스마트폰 불빛과 소리에 주의를 기울여야 합니다. 미리 *끄거나* 비행기 모드로 전환하는 것을 추천합니다. 공연이 끝난 후 커튼콜 때 사진을 찍는 건 이제 하나의 문화로 자리 잡은 것 같습니다. 사진을 찍는 건 좋은데 힘찬 박수도 잊지 말아주세요. 관객이 사진 찍기에 여념이 없으면 박수소리는 한없이 작아집니다. 박수는 연주자에게 있어 무대에 서는 이유이자 일용할 양식입니다. 더불어 앙코르를 녹화하는 건 자제해주세요. 연주자가 앙코르 연주를 시작하면 얼른 스마트폰을 다시 주머니에 넣고 두 눈과 귀로 음악을 흡수하세요. 다시 오지 않는 기회입니다.

기침은 생리현상이다 보니 자제하기 쉽지 않은 것이 사실입니다. 만일 공연 전에 목 상태가 좋지 않다면 생수와 사탕 정도는 공연장에서 허락하고 있으니 미리 준비해주세요. 특히 곡이 시작하기 직전, 악장과 악장 간의 연결이 아주 중요할 때, 곡 전체가 끝난 후 여운이 남아 있는 상태에서는 기침을 자제해주세요.

또 '언제 박수를 쳐야 하지?' 하는 고민이 든다면 이것만 기억하세요. 박수를 꼭 1등으로 쳐야 할 이유는 없습니다. 곡이 끝난 후 여운이 채 가시기 전에 성급하게 나오는 소위 '안다박수'는 금물입니다. 안다박수란 나는 이 곡이 여기서 끝나는 걸 알고 있다는 사실을 뽐내고 싶어 성급하게 치는 박수를 뜻합니다. 박수는 연주자나 지휘자가 악기나 지휘봉을 내려놓은 다음에 쳐도 늦지 않습니다.

공연 전체를 망치는 의외의 요소가 또 있으니 바로 내 옆 사람의 '냄새'입니다. 후각은 생각보다 엄청난 영향력을 발휘해서 정신을 지배하기도 합니다. 적당한 거리에서는 향기로운 향수도 따닥따닥

붙어 앉은 공연장에서는 큰 불편을 줄 수 있습니다. 향수는 아주 소량을 사용하거나 뿌리지 않는 것을 권합니다. 물론 다른 사람을 위한 위생관리는 기본이겠죠.

공연장 에티켓에 대해 이야기하다 보니 공연장 문화가 다소 엄격하고 경직된 것처럼 느껴지지만 그렇지 않습니다. 혹여나 진상을 만날까 걱정할 필요도 없습니다. 해외 오케스트라 단원들의 의견을 들어보면 하나같이 우리나라 관객에게 깊은 감동을 받았다고 말합니다. 다른 나라에 비해 집중도가 뛰어나고 공연이 끝나면 박수, 환호성, 밝은 표정 무엇 하나 빠짐없이 무대로부터 받은 감동을 다시 무대로 되돌려준다고 이야기합니다. 관객의 호응은 연주자에게 있어 큰 보람과 기쁨입니다. 우리만의 좋은 문화는 그대로 살리고 언급한 몇 가지만 주의한다면 세계 최고의 공연문화를 가진 나라가 한국이 될 수도 있겠단 생각을 합니다.

온라인에서 클래식을 즐기는 11가지 방법

1. 디지털콘서트홀

베를린 필하모닉의 디지털콘서트홀(www.digitalconcerthall.com)은 제가 유일하게 10년 넘게 구독 중인 플랫폼이자 웹사이트입니다. 베를린 필하모닉의 거의 모든 연주를 높은 화질과 음질로 감상할 수 있습니다. 지나간 영상도 볼 수 있지만 베를린 현지 시간에 맞춰 라이브로 감상하는 것도 가능합니다. 자체 제작한 다큐멘터리나 인터뷰도 내용이 좋고 재밌습니다. 세계 최고 오케스트라 단원들의 연주는 물론이고, 최정상급 지휘자나 잘나가는 협연자가 즐비한 베를린 필하모닉의 연주를 집에서 간편히 즐길 수 있습니다.

2. STAGE+

STAGE+(www.stage-plus.com)는 최근 부쩍 많은 관심을 받고 있는 도이치 그라모폰의 플랫폼입니다. 세계 1위의 클래식 음반사이기 때문에 소속 아티스트의 공연 실황을 가장 빠르게 전하고 있습니다. 또한 전 세계 각국의 공연장과의 협업을 통해 다양한 콘텐츠를 생산하고 있습니다. 아직 초반이지만 아카이브가 빠르게 쌓이고 있기 때문에 향후 가장 주목할 만한 플랫폼이라고 생각합니다.

3. Met Opera on Demand

오페라를 좋아한다면 뉴욕 메트로폴리탄 오페라에서 제공하는 유료 스트리밍 서비스(ondemand.metopera.org)를 추천합니다. 무려 800여 개의 오페라를 감상할 수 있고 매 시즌 새롭게 올라오는 오페라도 바로바로 찾아볼 수 있습니다.

4. 메디치TV

메디치TV(www.medici.tv) 역시 구독제로 오페라, 발레, 오케스트라 공연, 리사이틀 등의 다양한 콘텐츠를 서비스하고 있습니다. 보유한 영상이 점점 많아지고 있고 퀄리티도 아주 높습니다.

5. 유튜브

유튜브는 따로 설명을 하지 않아도 되겠죠. 다른 음악 장르와 마찬가지로 클래식 역시 거의 대부분의 작품을 유튜브에서 감상할 수 있습니다. 연주 전체 영상을 유튜브에 공개하는 오케스트라나 오페라단도 점점 많아지고 있죠. 아주 좋은 화질과 음색은 아닐지라도 음악을 손쉽게 감상할 수 있는 최고의 놀이터입니다.

6. 이다지오

몇 가지 불편한 점이 있지만 음원 앱 중에서는 이다지오(IDAGIO)를 먼저 써보라고 권하고 싶습니다. 앱 안으로 들어가면 오직 클래식만이 가득합니다. 다른 플랫폼에 비해 원하는 작곡가, 연주자 등을 찾기가 훨씬 수월하다는 장점이 있습니다. 기분에 맞는 음악을 랜덤으로 플레이해주는 기능도 인기가 많습니다.

7. 애플뮤직클래시컬

애플은 2021년에 클래식 전용 플랫폼이었던 프라임포닉을 인수했고, 2023년에 드디어 전용 앱인 애플뮤직클래시컬을 출시했습니다. 한국에서도 2024년 1월 24일에 정식 출시되었습니다. 방대한 양의 음원을 바탕으로 협업을 통해 애플만의 특색 있는 서비스도 제공한다고 하니 저도 써볼 생각입니다.

8. 타이달, 코부즈

오디오를 좋아하고 고음질을 선호하는 경우 타이달(TIDAL)과 코부즈(Qobuz)를 이용하기도 합니다. 하지만 아직 국내에선 정식으로 서비스되고 있지 않습니다. 이런 고음질 스트리밍 서비스가 한국에도 빨리 출시되기를 기대합니다.

9. 유튜브뮤직, 스포티파이

유튜브 프리미엄 구독자이거나 스포티파이를 사용하고 있다면 언제 어디서든 빠르게 음악을 찾아 들을 수 있다는 측면에서 아주 좋습니다. 모든 장르의 음악을 다루는 만큼 음질, 검색의 편의성 면에서는 물론 아쉬움이 있습니다.

10. KBS 제1FM

KBS 제1FM은 클래식 음악 전문 라디오 채널입니다. 유튜브와 음원 스트리밍 서비스가 없던 시절에는 클래식 애호가에게 있어 오아시스와 같은 존재였습니다. 거의 하루 종일 클래식을 들을 수 있는 채널이고 곡에 대한 설명, 아티스트의 인터뷰, 라이브 연주도 제공됩니다. 음악을 듣는 방법은 다양해지고 시대도 많이 바뀌었지만 여전히 가치 있는 방송입니다.

11. 유튜브 멤버십

'하루하나클래식'은 제가 클래식 칼럼니스트, 연주자, 애호가 등으로 팀을 꾸려서 2023년부터 운영하고 있는 서비스입니다. 매일 아침 8시에 유튜브에서 엄선한 클래식 영상 하나와 글을 받아볼 수 있습니다. 현재 3명의 큐레이터가 음악을 선정하고 3명의 에디터가 설명을 덧붙여서 서비스되고 있습니다. 주말에는 클래식 칼럼니스트의 주말칼럼과 음반 추천 코너를 진행합니다. 제 유튜브 채널 '일구쌤 19teacher'에서 '가입' 버튼을 눌러 회원이 될 수 있습니다.

이렇게 실컷 클래식에 대해 이야기했는데 플레이리스트가 빠질 수는 없겠죠. 1567년 태어난 작곡가 몬테베르디부터 1966년에 태어난 막스 리히터까지 400여 년에 걸친 다양한 작곡가의 대표작을 소개하려 합니다. 작품에 대한 간단한 소개와 영상을 볼 수 있도록 QR코드를 넣어두었습니다. 주관적인 제 취향과 주요 작곡가의 명곡 사이에서 균형을 잡으려고 노력했습니다. 여러 작곡가를 소개하기 위해 작곡가 한 명당 최대 3곡까지만 수록했습니다(모차르트만큼은 실패했네요). 꼭 들어야 하는 클래식 작품들 속에 저의 취향을 몇 방울 떨어뜨렸다고 생각해주세요. 목록을 다시 보니 미처 추천하지 못한 작곡가와 작품이 마음에 걸리네요. 새로운 작품을 찾고 취향과 시야를 넓히는 재미를 뺏을 수 없으니 그 부분은 여러분에게 숙제로 남기겠습니다.

입문자를 위한 클래식 명작 106

몬테베르디, 파헬벨, 코렐리

▌몬테베르디 〈포페아의 대관식〉

르네상스 음악과 바로크 음악 사이에 위치한 클라우디오 몬테베르디(Claudio Monteverdi, 1567~1643년)의 음악으로 시작해볼까요? 몬테베르디는 인간의 삶과 사랑에 관심을 기울이며 이를 중심으로 오페라를 만든 최초의 음악가입니다. 그는 적어도 18개 오페라를 작곡한 것으로 알려져 있으며, 그중 1642년에 작곡된 마지막 작품 〈포페아의 대관식〉은 몬테베르디의 음악적 성숙도가 극에 달한 작품입니다.

역사적 사건을 다루는 첫 번째 오페라로 고대 로마 네로 황제와 그의 정부 포페아 사이의 사랑에 초점을 맞췄습니다. 전작 〈오르페오〉보다 다소 단조로운 규모와 구성을 가지고 있지만 인물의 감정 묘사만큼은 월등히 뛰어난 작품입니다. 가장 시대를 앞선 오페라로 평가받으며 지금까지 많은 사랑을 받고 있습니다.

오페라 전체를 듣는 게 가장 좋지만 꼭 들어봐야 할 음악을 소개하겠습니다. 3막에 등장하는 포페아와 네로의 아름다운 2중창 '당신을 보고(Pur ti miro)'입니다.

> "당신을 보고, 당신을 안고, 당신과 짝이 되어 이젠 고통도 죽음도 없다."

'MONTEVERDI: L'incoronazione di Poppea "Pur ti miro, Pur ti godo" (Jaroussky, De Niese)' (Dynamic opera and classical music, 2012년 2월 21일)

'Max Emanuel Cencic, Sonya Yoncheva - Claudio Monteverdi - "Pur ti miro, pur ti godo"' (Total Baroque, 2015년 10월 7일)

❘ 파헬벨 〈캐논 D장조〉

　요한 파헬벨(Johann Pachelbel, 1653~1706년)이라는 작곡가를 수백 년 동안 우리 곁에 머물게 만든 곡이자 무한대의 가능성을 가지고 있는 작품, 〈캐논 D장조〉입니다. 순수한 베이스라인이 뚜벅뚜벅 반복되고 그 위에 바이올린 3대의 소리가 차례대로 울려 퍼지면서 조화를 이룹니다. 바이올린은 서로 겹치기도 하고 양보하기도 하면서 풍부한 울림을 만들어내는데요. 이 단순한 구조의 음악에서 전해지는 감정은 듣는 이에 따라 수십 수만 가지에 이릅니다. 순수하기 그지없는 짧은 음악은 혼탁한 마음을 깨끗하게 해주기도, 잊었던 고마움을 일깨워주기도, 하루의 시작을 활기차게 만들어주기도 합니다.

　이 곡을 굳이 꼽고 싶지는 않았습니다. 온 세상 모두가 아는 곡이기 때문이죠. 그러나 한 영상을 보고 추천하지 않을 수가 없었습니다. 바로크 음악을 다루는 채널 중 단연 최고라고 할 수 있는 채널 (Voices of Music)의 연주를 들어보세요.

'Pachelbel Canon in D Major - the original and best version.'
(Voices of Music, 2008년 9월 2일)

코렐리 〈합주 협주곡 제8번 G단조〉

이번엔 '크리스마스 협주곡'이라 불리는 〈코렐리 합주 협주곡 제8번 G단조〉입니다. 아르칸젤로 코렐리(Arcangelo Corelli, 1653~1713년)는 모두가 인기 있는 성악곡을 쓸 때 묵묵히 순수 기악곡을 쓰며 자신만의 스타일을 구축한 작곡가입니다. 많지 않은 작품으로 전 유럽에 영향을 끼친 이탈리아 출신 작곡가입니다. 특히 그가 죽고 출판된 12개의 합주 협주곡은 작품성이 뛰어나고 완전한 형식미를 갖추고 있어 비발디, 헨델, 바흐를 비롯한 거의 모든 후배 작곡가에게 큰 영감을 주었습니다.

자필 악보에 '크리스마스 밤을 위해 만든'이라는 헌사가 적혀 있는 이 곡은 코렐리의 음악성을 한껏 느껴볼 수 있습니다. 실제 그의 바람대로 크리스마스 시즌이 되면 전 세계의 교회나 공연장에서 아직까지도 활발히 연주되고 있습니다. 곡을 들어보면 복잡하지 않은 형식과 선율 안에서 평소 겸손하고 온화한 성품이었던 코렐리의 따뜻한 마음이 전해집니다.

이 곡이 수백 년 동안 사랑받은 이유 중 하나는 비교적 자유로운 편성으로 연주가 가능하다는 점입니다. 큰 규모의 오케스트라여도 좋고, 마음이 맞는 친구끼리 소규모로 연주해도 작품이 가진 매력은 그대로입니다.

Ton Koopman - Corelli: Concerto grosso op. 6 nº 8 -

Orquesta Sinfónica de Galicia'

(SinfonicadeGalicia, 2013년 3월 10일)

'Main-Barockorchester | Corelli:

Concerto Grosso Op. 6 no. 8 "Christmas Concerto"'

(Main Barockorchester, 2020년 12월 20일)

비발디, 텔레만, 라모

비발디 〈바순 협주곡 G단조〉

'협주곡' 하면 사실 비발디입니다. 비발디는 바로크 시대를 넘어 역사상 가장 훌륭한 작곡가 중 하나로 꼽힙니다. 음악사에 큰 족적을 남긴 그가 플루트, 오보에, 트럼펫, 바순 등 관악기를 위한 협주곡을 다수 남겼다는 것은 관악기 연주자에게는 참 감사한 일입니다. 그중 평소 통주저음 악기(화성을 보충하며 반주의 구실을 하는 악기)로 쓰이던 바순을 위한 협주곡을 무려 39곡이나 남긴 것이 눈에 띕니다.

〈바순 협주곡 G단조(RV496)〉는 바순을 위한 그의 작품 중 가장 인기 있는 작품입니다. 지금까지도 여러 바순 연주자가 가장 아끼는 작품이기도 합니다. 1악장과 3악장을 통해 바순의 빠르고 기교적인 면을 마음껏 감상할 수 있으며 2악장에서는 섬세하고 깊은 바순의 음색으로 비발디의 서정적인 면모를 느낄 수 있습니다.

'LVHF 2021 | Antonio Vivaldi (1678-1741)
Bassoon Concerto in G minor RV 496_Sergio Azzolini'
(LVHF, 2021년 11월 16일)

▌ 비발디 〈사계〉

〈사계〉에서 제가 가장 좋아하는 곡은 '겨울'인데요. 첫 번째 영상은 제가 한 달에 한 번 정도는 꼭 듣고 있을 정도로 아주 좋아하는 영상입니다. 독주자와 오케스트라의 조화가 너무 아름답습니다. 특히 2악장에서 솔로 바이올린의 연주가 아주 일품입니다. 5천만 회 이상의 조회수를 기록할 정도로 많은 사랑을 받고 있습니다. 두 번째 영상은 현대악기 연주로 재해석한 비발디의 음악입니다. 바이올리니스트 율리아 피셔의 화려한 음색과 해석을 엿볼 수 있어 추천합니다.

'Vivaldi Four Seasons: Winter (L'Inverno),

original version. Freivogel & Voices of Music RV 297 4K'

(Voices of Music, 2016년 4월 10일)

'Vivaldi The four seasons - Winter - Julia Fischer'

(Carina Caramez, 2014년 4월 4일)

▎ 텔레만 〈무반주 플루트를 위한 12개의 환상곡〉

게오르크 필리프 텔레만(Georg Philipp Telemann, 1681~1767년)의 음악은 어떤 것을 들어도 인간미가 넘칩니다. 그는 라이프치히에서 법을 공부했지만 음악에 대한 열정으로 여러 악기와 작곡을 독학했습니다. 바로크 시대 작곡가라 하면 바흐와 헨델을 먼저 떠올리지만 당시에는 텔레만이 일찍이 음악적 재능을 인정받아 활발히 활동하고 있었습니다. 특히 1720년부터 1767년 세상을 떠날 때까지 함부르크의 가장 큰 5개 교회에서 음악감독으로 일하며 많은 작품을 남깁니다.

텔레만의 〈무반주 플루트를 위한 12개의 환상곡〉은 1732년에 출판되었습니다. 이 곡은 바흐의 〈무반주 플루트 파르티타 A단조(BWV 1013)〉와 더불어 무반주 플루트를 위한 가장 중요한 작품입니다. 각각의 판타지아는 각기 다른 조성으로 쓰였고 3악장에서 6악장에 이르는 독특한 구조를 가지고 있습니다. 환상곡이라는 이름처럼 연주자의 상상력과 연주 스타일을 담아내기에 매우 최적화되어 있는 것이 특징입니다. 처음부터 끝까지 다양한 분위기를 담고 있으면서도 자연스럽고 인간적입니다. 연주자에 따라서 극도로 섬세한 감정 또한 이끌어낼 수 있는 작품입니다.

참고로 연주에 쓰인 트라베르소 플루트는 현재의 금속악기와는 또 다른 고유한 음색과 매력을 지니고 있습니다. 최고의 트라베르소 연주자인 바르톨드 쿠이켄의 연주와 골드플루트로 연주하면서도 바로크 스타일을 잘 보여주고 있는 에마뉘엘 파위의 연주를 비교해서 들어보세요.

'Telemann: the 12 flute fantasias. Barthold Kuijken - traverso.'

(Muzikay, 2016년 9월 8일)

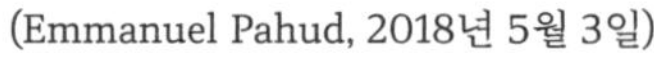

'Fantasia for Flute in F-Sharp Minor, TWV 40:11'

(Emmanuel Pahud, 2018년 5월 3일)

라모 〈새로운 클라브생 모음곡집〉

좋아하는 바로크 시대 작곡가를 모두 소개할 수는 없겠지만 장필

리프 라모(Jean-Philippe Rameau, 1683~1764년)의 작품만큼은 꼭 소개하고 싶습니다. 라모는 그 자신이 하프시코드와 오르간 연주자이기도 했고, 음악 이론에 대한 이해가 깊어 근대 화성학의 기초를 확립한 작곡가입니다. 그가 발표한 〈새로운 클라브생 모음곡집〉은 10개의 작은 곡으로 이뤄져 있습니다. 소제목들이 심상치 않은데 음악을 들어보면 묘하게 잘 어울립니다.

〈새로운 클라브생 모음곡집〉 중 특히 '부드러운 탄식'과 '외눈박이 괴물'이 가장 많은 사랑을 받고 있는데요. 음색의 조화와 화성 처리가 놀라운 곡입니다. 저는 어릴 때 라모라는 작곡가와 음악에 대해 전혀 모른 채 피아니스트 그리고리 소콜로프의 연주로 이 음악을 처음 접했습니다. 음악의 매력과 소콜로프의 해석에 푹 빠져 라모에게 관심을 갖게 되었습니다.

'Grigory Sokolov plays Jean-Philippe Rameau, Suite D-major from Pièces de Clavecin'(mikous100, 2012년 4월 6일)

'Jean-Philippe Rameau, Les tendres plaintes and Les cyclopes from the suite in D major'(ruxeepm, 2012년 12월 9일)

라모의 어린 시절은 거의 알려진 바가 없습니다. 그는 50세가 되어서야 오페라를 작곡하기 시작했는데요. 오늘날 프랑스의 대표적인 오페라 작곡가로 사람들에게 기억되고 있습니다. 〈레 보라에드〉는 그의 마지막 오페라이고 생전에는 공연되지 못했습니다. 현재도 전체가 연주되기보다는 오페라 구석구석에 숨어 있는 명곡이 개별적으로 혹은 모음곡 형태로 연주되는 경우가 많습니다.

아쉽게도 저도 오페라 전체를 이해하고 있지는 않습니다. 그런데 오페라 〈레 보레아드〉 중 4막 4장에 나오는 '뮤즈, 미풍, 계절, 시간, 예술의 입장'을 발견한 건 너무 기쁩니다. 정말 굉장한 음악입니다. 비킹구르 올라프손이라는 피아니스트가 앨범에 수록하면서 다시 한 번 유명해지기도 했죠. 불과 몇 분짜리 음악이지만 수많은 사람을 위로하고 내면의 아픔을 어루만질 수 있는 음악입니다.

'Víkingur Ólafsson – Rameau: Les Boréades: The Arts and the Hours (Transcr. Ólafsson)' (Deutsche Grammophon - DG, 2020년 3월 6일)

'Rameau: Entrée de Polymnie (Entrada de la musa Polimnia), de la ópera "Les Boréades". Marc Minkovski' (José Dolcefarniente, 2021년 7월 1일)

바흐, 헨델, 글루크

▌ 바흐 〈무반주 첼로 모음곡〉

바흐가 이 곡을 작곡한 것은 1720년으로 추정됩니다. 하지만 이 곡을 소개할 때 1889년을 언급하지 않을 수 없습니다. 사람들의 기억에서 잊힐 뻔했던 〈무반주 첼로 모음곡(BWV1007~1012)〉은 13세 나이로 바르셀로나에서 유학 중이던 첼리스트 파블로 카잘스에 의해 1889년 발견됩니다. 발견된 장소는 바르셀로나 부둣가의 한 헌책방이었습니다. 100년이 훌쩍 넘은 옛 작품이었지만 1번부터 6번까지 온전히 있는 완전체였습니다. 카잘스는 자신의 인생 전체에 걸쳐 이 작품을 온전하게 잘 연주해내는 데 몰두합니다. 그는 48세가 되어서야 전곡을 녹음했고 이 작품과 함께 첼리스트로서 큰 성공을 거둡니다.

〈무반주 첼로 모음곡〉은 바흐가 쾨텐에서 궁정악장으로 일하던 시절에 쓴 곡입니다. 바흐가 종교음악에서 벗어나 세속적인 음악에 집중하던 때로 엄청난 걸작을 쏟아낸 시기입니다. 지금까지 많은 사람에게 사랑받는 〈브란덴부르크 협주곡(BWV1046~1051)〉 〈무반주 바이올린 소나타와 파르티타(BWV1001~1006)〉 등이 이 시기에 작곡되었습니다.

첼리스트에게 있어 꼭 넘어야 할 거대한 산과 같은 곡이지만 연주를 듣고 있는 우리는 큰 행복감을 느낍니다. 1번 모음곡의 첫 번째 프렐류드(도입부 역할을 하는 짧은 악곡)는 대중적으로도 상당히 유명합니다. 느리지도 빠르지도 않은 템포, 호소력 짙은 음색, 풍부한 느낌과 감정을 담아내는 화성이 더해지면서 첼로 하나로 온전한 하나의 세상을 보여줍니다. 연주자에 따라 천차만별 달라지는 작품이기 때문에 비교하며 듣는 즐거움이 큰 음악이기도 합니다.

'Bach - Cello Suite no. 1 in G major BWV 1007 - Swarts | Netherlands Bach Society'

(Netherlands Bach Society, 2018년 9월 27일)

바흐 〈크리스마스 오라토리오〉

바흐는 사람의 목소리와 악기 소리를 조합하는 천재적인 능력을 가지고 있었습니다. 이 능력을 가장 잘 느낄 수 있는 곡이 〈크리스마스 오라토리오〉입니다. 이름에서 알 수 있듯이 예수의 탄생을 축하할 목적으로 작곡되었습니다. 사실 바흐의 의도는 6개 칸타타로 이뤄진 이 곡을 6일에 나눠서 연주하는 것이었습니다. 당시 라이프치히 교회에서 이뤄진 초연 일정을 보면 그의 의도를 정확히 알 수 있습니다. 이 일정을 보면 당시 얼마나 이 곡을 중요하게 생각했는지 선하게 그려집니다.

1부 연주: 1734년 12월 25일

2부 연주: 1734년 12월 26일

3부 연주: 1734년 12월 27일

4부 연주: 1735년 1월 01일

5부 연주: 1735년 1월 02일

6부 연주: 1735년 1월 06일

2007년에 독일 유학을 가자마자 베를린에 있는 프라우엔 교회에서 이 곡을 연주할 기회가 있었습니다. 진심을 담아 연주하는 동료 연주자와 두 손을 모으고 음악에 집중하는 독일 청중에게 큰 감명을 받았습니다. 오케스트라 안에서 경험하는 바흐의 음악은 황홀했습니다. 저는 그날 이후로 지금까지 1년에 한 번은 꼭 이 곡을 듣고 있습니다.

'Bach - Christmas Oratorio [1-3] Harnoncourt'
(Thanasis Baltas, 2013년 10월 21일)

'Bach - Christmas Oratorio [4-6] Harnoncourt'
(Thanasis Baltas, 2013년 10월 21일)

▌바흐 〈마태수난곡〉

바흐의 〈마태수난곡〉은 단연 인류가 가진 최고의 예술품 중 하나입니다. 〈마태수난곡〉은 성금요일 저녁기도 전례를 위해 작곡되었고, 역시 바흐가 재직하던 라이프치히 성 토마스 교회에서 초연이 이뤄졌습니다. 『마태복음』 26장과 27장을 인용하고 있으며 예수가 십자가형을 받게 되는 사건을 감동적인 음악과 함께 풀어냅니다. 한 인간으로서 그리스도가 느낀 온갖 감정을 느낄 수 있습니다.

그러나 인류는 바흐의 가장 위대한 이 작품을 자칫 잃어버릴 뻔했습니다. 14세의 멘델스존은 생일날 할머니에게 한 악보를 선물받게 되는데요. 이 악보가 바로 바흐의 〈마태수난곡〉이었습니다. 바흐가 세상을 떠난 후 오랫동안 잠자고 있던 이 작품은 라이프치히에서 초연된 지 100여 년 만에 20세의 멘델스존에 의해 베를린에서 부활합니다. 1829년 온갖 반대를 무릅쓰고 연주를 강행한 멘델스존 덕분에 오늘날 우리는 이 음악을 여러 버전으로 마음껏 들을 수 있습니다.

곡 전체를 현장에서 라이브로 듣는다면 가장 좋겠지만 합창곡 하나, 아리아 하나를 따로 떼어서 들어도 엄청난 힘을 느낄 수 있습니다. 제가 좋아하는 곡이 너무 많지만 '오라 딸들아, 나를 슬픔에서 구해다오(Kommt ihr Tochter, helft mir Klagen)' '하느님 나를 불쌍히 여기소서(Erbarme dich, mein Gott)' '사랑으로 나의 구세주께서 죽으려 하시네(Aus Liebe will mein Heiland sterben)' 등을 추천합니다.

'Bach - St Matthew Passion BWV 244 -
Van Veldhoven | Netherlands Bach Society'
(Netherlands Bach Society, 2019년 4월 2일)

헨델 〈리날도〉

게오르크 프리드리히 헨델(George Frideric Handel, 1685~1759년)은 앞서 살펴본 바흐와 같은 해에 태어났습니다. 바흐와 같은 시대를 살았지만 전혀 다른 삶을 살면서 수많은 명작을 남겼습니다. 바흐와 달리 헨델이 주력한 작품은 오페라였는데요. 수많은 명작 오페라의 출발점이 되는 작품이 바로 〈리날도(HWV7)〉입니다. 함부르크에서 음악가로 활동하다가 메디치 가문의 후원을 받아 정통 이탈리아 오페라를 섭렵한 헨델은 1709년 〈아그리피나(HWV6)〉라는 작품을 발표해 큰 성공을 거둡니다. 이후 런던으로 초청된 헨델이 처음 발표한 이탈리아어로 이뤄진 작품이 〈리날도〉입니다.

당시 런던 헤이마켓 거리에 있는 여왕폐하의 극장에서 초연이 이뤄졌는데요. 이 작품은 발표되자마자 그야말로 대박을 쳤습니다. 헨델의 아름다운 음악 덕분도 있겠지만 당대 최고의 카스트라토(거세된 남성 가수)인 니콜로 그리말디의 역할 또한 컸습니다. 이 카스트라토가 부른 리날도의 아리아 '울게 하소서(Lascia Ch'io Pianga)'는 영화 '파리넬리'에 등장하며 대중적으로 더 큰 인기를 얻는데요. 단조롭고 고풍스런 반주 위에서 한 번 들으면 잊히지 않는 선율이 자유롭게 펼쳐지는 명곡입니다. 지금은 소프라노나 카운터테너가 카스트라토의 역할을 대신하고 있는데 어떤 버전으로 들어도 엄청난 힘을 가진 음악이라는 것을 알 수 있습니다.

이 오페라는 200여 년 동안 연주되지 않고 그저 헨델의 작품 중 하나로 남겨져 있었습니다. 그런데 아리아 '울게 하소서'가 말 그대로 오페라 전체의 멱살을 잡고 수백 년의 시간을 건너왔고, 현재는 전 세계에서 심심치 않게 전곡이 연주되고 있습니다.

'G. F. Händel, Lascia Chio pianga. Soprano; Julia Lezhneva'
(Tor Melgalvis, 2009년 9월 24일)

▌ 헨델 〈하프시코드 모음곡 제1번 B플랫장조〉

이 글을 쓰고 있는 오늘 인터넷을 통해 피아니스트 조성진의 헨델을 주제로 한 앨범이 빌보드 클래식 차트 1위를 기록했다는 기사를 접했습니다. 이미 들었지만 다시 한번 전체를 들어봤습니다. 바로크 시대 악기와 스타일을 그대로 고수하지 않고도 이렇게 아름다운 음악으로 재탄생할 수 있다는 점이 역시 경이롭고 놀랍습니다. 특히 〈하프시코드 모음곡 제1번 B플랫장조(HWV434)〉 4악장 미뉴에트(3/4 또는 3/8 박자의 우아하고 약간 빠른 춤곡)를 빌헬름 켐프의 편곡 버전으로 담았는데 매우 아름답습니다.

헨델은 생전에는 오페라 작곡가로 인식되었지만 음악의 깊이 때문인지 지금은 종교음악과 기악음악이 더 큰 인기를 누리고 있는 것 같습니다. 특히 이 모음곡은 매우 특별합니다. 4악장 미뉴에트뿐만 아니라 모든 악장의 음악적 깊이가 대단합니다. 유려하고 따뜻한 1악장 프렐류드, 젠틀하고 잘생긴 2악장 소나타를 거쳐 아리아와 변주곡으로 이뤄진 3악장이 이어지는데 완성도가 상당히 높습니다. 이 작품에서 영감을 받은 브람스가 〈헨델 주제에 의한 변주곡과 푸가(Op.24)〉를 작곡하기도 했습니다. 이 브람스의 곡 또한 조성진의 앨범에서 들을 수 있습니다.

〈하프시코드 모음곡 제1번 B플랫장조〉를 들을 때 저는 안드라스 쉬프의 연주를 상당히 좋아합니다. 조성진의 앨범과 어떤 차이가 있는지 비교해서 듣는 재미가 있습니다.

'Handel: Keyboard Suite No.1 in B-flat major, HWV 434 (Schiff)'(Ashish Xiangyi Kumar, 2015년 12월 26일)

▎ 헨델 〈왕궁의 불꽃놀이 음악〉

〈왕궁의 불꽃놀이 음악(HWV351)〉은 1749년 4월 런던의 그린파크에서 열린 거대한 불꽃놀이 행사를 위해서 작곡된 곡입니다. 행사 전에 전체 음악을 공개하는 리허설이 열렸는데 무려 1만 2천 명 이상의

　　　　　　　　　　　　　　　　　　4부 입문자를 위한 클래식 명작 106

사람이 당시 입장료 2실링 6펜스를 내고 몰려들었다고 합니다. 전혀 예상치 못한 인파로 인해 런던 브릿지는 끔찍한 교통 정체에 시달렸습니다.

한 언론사는 1749년 4월 21일 다음과 같이 보도합니다.

> "런던 브릿지가 어찌나 막히는지 3시간 동안 마차가 단 한 대도 지나 갈 수 없었다."

왕궁에서 열리는 본 행사는 당연히 선별된 사람만 참석할 수 있었고, TV나 라디오도 없던 시절이었기 때문에 해당 리허설이 헨델의 음악을 들을 수 있는 유일한 기회였습니다. 헨델은 특별한 악기 편성으로 작품을 썼는데요. 관악기 수를 엄청 늘려 트럼펫과 호른이 각각 9개였고 케틀드럼을 포함한 다수의 타악기가 포함되었습니다. 곡의 웅장함은 직접 들으면 가슴이 두근두근 설렐 정도입니다. 시대 악기를 편성해서 최대한 당시의 사운드를 재현한 두 영상을 추천합니다.

Handel - Music for the Royal Fireworks (Proms 2012)'
(Mandetriens, 2012년 8월 19일)

글루크 〈오르페오와 에우리디체〉 '정령들의 춤'

크리스토프 글루크(Christoph Gluck, 1714~1787년)가 등장하기 전까지, 오페라는 자칫 노래의 기교를 과시하거나 눈요깃거리를 제공하는 장르로 전락할 수 있었습니다. 그러나 글루크는 〈오르페오와 에우리디체〉를 통해 여러 요소를 혁신적으로 개혁하며 오페라의 새 시대를 열었습니다. 음악뿐만 아니라 이야기에 집중하면서 음악과 드라마가 밀접한 관계 속에서 균형을 이루도록 했습니다. 모차르트, 베버, 바그너 등 이후 거의 모든 오페라 작곡가가 글루크의 영향을 받았다 해도 과언이 아닙니다.

이전부터 음악사를 관통하며 자주 쓰인 오르페우스 신화를 바탕으로 한 이 작품은 2막에 나오는 '정령들의 춤'이 특히 유명하고 아름답습니다. 라모의 오페라에서도 볼 수 있듯이 표현력이 풍부한 발레가 함께 합니다. 오르페오는 죽은 아내 에우리디체를 찾아 행복한 영혼들이 살고 있는 극락에 가는데요. 아름다운 꽃이 핀 들판에서 정령들이 춤을 춥니다.

     4부 입문자를 위한 클래식 명작 106

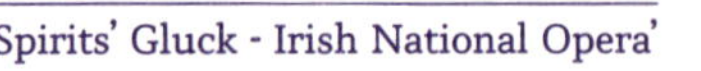‘EXTRACT | ORFEO ED EURIDICE ‘Dance of the Blessed
Spirits’ Gluck - Irish National Opera’

(OperaVision, 2019년 5월 20일)

▌하이든 〈교향곡 제104번 D장조〉

무려 100곡이 넘는 교향곡을 작곡하면서 '교향곡의 아버지'로 불리는 프란츠 요제프 하이든(Franz Joseph Haydn, 1732~1809년)의 마지막 교향곡 〈하이든 교향곡 제104번 D장조〉입니다. 30여 년간 오스트리아의 에스테르하지 궁전에서 일한 하이든이지만 다른 나라에서도 그의 명성은 대단했습니다. 58세에 퇴직한 이후 하이든은 공연기획자로 활동하던 요한 잘로몬의 초청으로 런던을 방문하는데요. 그

때 발표한 음악이 큰 인기를 얻게 됩니다. 이후 다시 한번 런던을 찾은 하이든은 두 번의 방문을 통해 93번부터 104번까지 무려 12개의 교향곡을 발표합니다. 이때 남긴 12개 교향곡은 '런던' 교향곡 또는 '잘로몬' 교향곡이라 불립니다.

작품의 첫머리에는 짧고 느린 부분이 자리하고 있는데 D장조가 아닌 D단조로 시작합니다. 템포가 빨라진 이후 밝고 경쾌한 느낌과 대비되면서 균형을 잡아줍니다. 들어보면 하이든이 원래부터 갖고 있던 천부적인 재능, 런던이라는 도시가 그에게 준 커다란 성공, 평생에 걸쳐 발전시킨 하이든의 교향곡 양식이 절정을 이뤘음을 알 수 있습니다. 이전 교향곡에 비해 확연하게 두터워진 대규모 편성이 보여주는 악상의 대비가 두드러지고, 모차르트의 오페라에서 볼 수 있는 다양한 색채감과 캐릭터도 엿볼 수 있습니다.

'Haydn Symphony 104 "London" - John Eliot Gardiner/London Symphony Orchestra'(vse vsad, 2021년 5월 2일)

'Haydn - Symphony No. 104 - London (Proms 2012)' (Mandetriens, 2012년 10월 23일)

▌하이든 〈현악 4중주곡 제77번 C장조〉

하이든은 이전 시대의 음악을 이어받아 새롭게 정리하고 혁신하는 한편 다가올 시대를 예고하는 음악 양식과 작품을 세상에 내놓았습니다. 그중에서도 하이든은 전 생애에 걸쳐 70여 곡을 썼을 정도로 현악 4중주에 대한 애착이 대단했습니다. 괴테는 현악 4중주를 일컬어 "4명의 현자들이 나누는 대화"라고 말하기도 했습니다. 바이올린 2대와 비올라, 첼로로 이뤄진 구성은 하이든의 음악세계를 표현하기에 적합했습니다.

하이든은 런던에서 돌아온 후 1797년에 요제프 에르되디 백작의 의뢰로 6개의 현악 4중주곡을 쓰게 됩니다. 그중 세 번째에 해당하는 〈현악 4중주곡 제77번 C장조(Op.76-3)〉에는 '황제'라는 이름이 붙어 있습니다. 이 작품의 2악장에는 당시 오스트리아 국가이자 현재는 가사를 바꿔 독일의 국가로 사용되고 있는 음악이 등장하는데요. 바로 하이든이 작곡한 '신이여 프란츠 황제를 보호하소서(Gott erhalte Franz den Kaiser)'라는 노래입니다. 오스트리아가 나폴레옹의 공격을 받고 있을 때 하이든이 만든 곡으로 상당히 애국적인 내용을 담은 음악입니다. 황제에 대한 경의가 느껴지는 곡이지만 이어지는 4개의 변주곡을 들어보면 음악 자체의 아름다움 또한 뛰어납니다.

▌ 모차르트 〈바이올린 소나타 21번 E단조〉

1778년은 볼프강 아마데우스 모차르트(Wolfgang Amadeus Mozart, 1756~1791년)에게 매우 가슴 아픈 한 해였습니다. 불과 22세인 모차르트를 두고 파리에서 어머니가 세상을 떠났기 때문입니다. 게다가 모차르트는 만하임에서 알로이지아 베버라는 여인과의 사랑에 실패했고, 구직활동에 실패하며 그토록 원했던 궁정음악가 자리도 얻지 못했습니다.

〈모차르트 바이올린 소나타 21번 E단조(K.304)〉는 모차르트가 발표한 모든 바이올린 소나타 중 유일한 단조곡입니다. 이 곡이 어머니의 죽음과 연관이 있다는 증거는 없지만 시기적으로 작품 안에 자연스레 모차르트의 불안과 슬픔이 서려 있을 것이라 생각됩니다.

당시 다른 모차르트의 소나타처럼 2악장으로 구성되어 있으며 1악장 도입부부터 두 악기가 반주 없이 유니즌(몇 개의 악기 혹은 오케스트라 전체가 같은 음이나 멜로디를 연주하는 일)으로 시작하면서 우울한 느낌이 전해집니다. 2악장은 특히 인기가 많은데요. 피아노가 처음

에 독백하는 느낌으로 연주되고 바이올린이 합류하면서 슬픈 느낌
이 커집니다. 그러다 2악장 중간에 아주 따뜻하고 아름다운 E장조
부분이 자리하면서 마치 슬픔에 빠져 있는 모차르트를 위로하는 느
낌이 듭니다.

'Mozart - Violin Sonata in E Minor, K. 304
(Gil Shaham & Orli Shaham) | Violin Sonatas 1778 (4/6)'
(EuroArtsChannel, 2023년 1월 10일)

'W.A. Mozart Sonata for Piano and Violin KV 304'
(Sophia Herbig, 2020년 9월 12일)

모차르트 〈피아노 협주곡 20번 D단조〉

"급히 필요하니 약간의 돈을 빌려주었으면 합니다. 아무쪼록 빠른 시
일 안에 도착했으면 합니다. 이런 폐를 당신은 너그러이 용서하실 줄
믿습니다. 그리고 저도 당신의 힘이 될 것으로 생각합니다. 부디 저
를 위해 편의를 봐주시기 바랍니다."

당시 모차르트가 출판업자에게 썼던 편지를 보면 알 수 있듯이 그

　　　　4부 입문자를 위한 클래식 명작 106

는 경제적으로 어려운 시기를 보내고 있었습니다. 그런 와중에 29세 모차르트가 남긴 〈모차르트 피아노 협주곡 20번 D단조(K.466)〉는 음악적으로 새로운 지평을 열었고 오늘날까지 많은 사람에게 감동을 주고 있습니다.

모차르트의 전체 피아노 협주곡 중에서 유독 단 2개만이 단조로 작곡되었는데 이 곡이 그중 하나입니다. 같은 D단조 작품으로는 〈돈 조반니(K.527)〉와 〈레퀴엠(K.626)〉이 있습니다. 이 작품에서는 피아노의 기교를 과시하고 사교적 성격이 강한 당시의 협주곡 형태를 과감히 탈피했습니다. 마치 교향곡과 협주곡을 하나로 융합해서 새로운 장르로 만들어낸 것 같습니다. 당시엔 이런 작품이 흔하지 않았습니다. 이 작품에 깊은 감명을 받은 베토벤과 브람스는 카덴차(끝나기 직전 독주자나 독창자가 연주하는 기교적이고 화려한 부분)를 작곡하기도 했습니다.

작품 구석구석 어디를 살펴봐도 선율적으로 아름다우면서 화성적으로 꽉 차 있고 음악적인 표현이 분명하고 대범합니다. 들으면 들을수록 음과 음 사이에 깊은 슬픔과 내면의 아픔이 느껴집니다.

'Mozart Piano Concerto No 20 K 466 D minor Maria João Pires Daniel Harding Swedish Radio Symphony Orc'

(Sonorum Concentus Mozart & Classicism, 2022년 5월 8일)

▎모차르트 〈돈 조반니〉

〈돈 조반니〉는 〈피가로의 결혼〉 〈코지 판 투테(K.588)〉와 더불어 이탈리아의 대본가 로렌초 다 폰테와 모차르트가 함께 작업한 오페라입니다. 3시간이 넘는 시간 동안 한순간도 빈틈이 보이지 않으며 모차르트의 천재성으로 꽉꽉 채워진 작품입니다. 클래식 애호가 사이에서는 인류가 남긴 최고의 오페라로 꼽히기도 합니다. 3시간 중에 어떤 음악 조각을 들어도 경이롭기 때문에 듣는 입장에서는 집중력의 한계를 시험하게 됩니다.

모차르트는 1786년 〈피가로의 결혼〉을 작곡해 빈에서 발표하지만 시대를 앞선 이 위대한 오페라는 성공을 거두지 못합니다. 그러나 같은 작품으로 프라하에서 열린 초연에서는 큰 성공을 거둡니다. 이 시기에 작곡된 〈모차르트 교향곡 38번 D장조(K.504)〉는 아직도 '프라하'라고 불립니다. 그다음 해인 1787년에는 프라하 극장의 요청으로 신작 오페라를 올리게 되는데요. 이 작품이 〈돈 조반니〉입니다.

〈돈 조반니〉에서는 아리아 하나만 꼽기가 상당히 힘듭니다. 작품 전체가 감동적인 음악으로 가득하기 때문입니다. 그래도 하나를 꼽자면 돈 조반니의 이성을 유혹하는 기술과 체를리나의 미묘한 감정이 드러나는 '저기서 우리 손을 잡아요(Là ci darem la mano)'를 추천합니다. 베토벤, 쇼팽, 리스트 등이 편곡하기도 했습니다.

　　　　　　　　　　4부 입문자를 위한 클래식 명작 106

'Mozart - Don Giovanni - complete (English Subtitles) - HD'

(Pluterro, 2017년 11월 6일)

모차르트 〈클라리넷 협주곡 A장조〉

1985년 개봉해서 아카데미 시상식에서 7개 부문을 휩쓴 '아웃 오브 아프리카'라는 영화를 아시나요? 영화도 훌륭했지만 영화에서 여러 번 쓰인 〈모차르트 클라리넷 협주곡 A장조〉가 많은 사람에게 감동을 주었습니다. 그냥 들어도 훌륭한 곡이지만 영화 속 드넓은 아프리카의 대자연, 남녀 주인공의 애틋한 감정과 함께 어우러지면서 다시 한번 명곡의 자격을 증명했습니다.

모차르트는 50여 개의 협주곡을 작곡했고 그중 절반은 피아노를 위한 협주곡이었습니다. 이 밖에 여러 악기를 위한 협주곡을 남겼는데 그중 모차르트가 남긴 마지막 협주곡이 〈모차르트 클라리넷 협주곡 A장조〉입니다. 곡의 완성 시기는 1791년 10월경으로 추정합니다. 모차르트가 1791년 12월 5일 〈레퀴엠〉을 작곡하던 도중 사망했기 때문에 이 곡은 모차르트가 세상을 떠나기 한두 달 전쯤에 완성한 것으로 보입니다.

모차르트에게는 수많은 아름다운 느린 악장이 있지만 이 작품의 2악장은 말로 형언하기 힘들 정도로 아름답습니다. 화성적으로는

밝은 느낌을 가진 A장조인데 곡에서 전해지는 감정과 캐릭터는 듣
는 사람에 따라 수만 가지 생각이 들게 만듭니다. 행복, 슬픔, 애틋
함, 편안함, 우울, 외로움 등 어떤 감정을 붙여도 그 느낌과 감정에
맞게 변화합니다.

'Mozart - Clarinet Concerto [Sharon Kam]'

(obiwan88, 2013년 12월 8일)

'Stage@Seven: Mozart: Clarinet Concerto –

Jochen Tschabrun / Alondra de la Parra'(hr-Sinfonieorchester –

Frankfurt Radio Symphony, 2020년 7월 4일)

▌베토벤 〈교향곡 6번 F장조〉

불과 26세 나이에 베토벤은 청력에 문제가 있음을 알게 됩니다.
30세에는 이명이 심해지고 고음을 들으면 몸서리가 쳐지기도 했습
니다. 32세에는 청력 치료를 위해 떠난 도시 하일리겐슈타트에서 유
서를 쓰게 됩니다. 유서에는 청력 상실에 대한 두려움과 절망, 동시
에 자신의 운명을 예술의 힘으로 이겨내고자 하는 의지와 열망이 담
겨 있습니다.

베토벤의 음악세계가 폭발하면서 만들어진 〈베토벤 교향곡 3번 E장조(Op.55)〉 '영웅', 운명과 맞서 싸워야만 하는 인간의 모습이 담긴 〈베토벤 교향곡 5번 C단조(Op.67)〉 '운명', 인류애와 신에 대한 예찬을 담은 〈베토벤 교향곡 9번 D단조(Op.125)〉 '합창'에 이르기까지 모두 베토벤이 남긴 위대한 유산입니다. 그중에서도 저는 개인적으로 자연에 대한 애정이 가득 담긴 〈베토벤 교향곡 6번 F장조(Op.68)〉 '전원'을 꼭 소개하고 싶었습니다. 이 곡은 이례적으로 5악장으로 구성되어 있으며 각 악장에 대한 설명이 '전원에 도착했을 때의 유쾌한 기분' '시냇가에서' '농부들의 즐거운 모임' '폭풍' '폭풍이 지나간 후의 평화'라고 적혀 있습니다.

'베토벤' 하면 떠오르는 이미지는 다소 괴팍하고 고독합니다. 그러나 1808년에 하일리겐슈타트에서 작곡된 이 작품을 통해 끔찍한 고통 속에서도 따뜻한 미소를 머금고 자연에 감사하고 있는 베토벤의 모습을 볼 수 있습니다. 윌리엄 셰익스피어는 "지구는 음악을 가지고 있다. 들을 수 있는 사람들에 한해"라고 말했습니다. 베토벤은 비록 청력을 잃고 있었지만 자연이 들려주는 음악만은 선명하게 들을 수 있는 사람이었습니다. 우리는 '전원' 교향곡을 통해 베토벤이 들은 자연의 소리를 느낄 수 있습니다.

'Beethoven - Symphony No. 6 (Proms 2012)'

(Mandetriens, 2012년 8월 16일)

베토벤 〈피아노 소나타 32번 C단조〉

"작품번호 111은 소나타를 닫는 고백이자 침묵의 서곡입니다."

피아니스트 알프레드 브렌델은 〈베토벤 피아노 소나타 32번 C단조(Op.111)〉에 대해 이렇게 말했습니다.

베토벤은 이 소나타를 끝으로 더 이상 피아노 소나타를 작곡하지 않았습니다. 이 작품은 다른 소나타와 달리 2개의 악장으로 마무리됩니다. 단순히 소나타 형식과 고전주의 음악의 틀을 벗어나는 것뿐만 아니라 음악이 도달할 수 있는 무한대의 가능성을 향해 나아가는 느낌의 곡입니다. 놀랍게도 베토벤은 이 작품을 〈베토벤 피아노 소나타 30번 E장조(Op.109)〉 〈베토벤 피아노 소나타 31번 A장조(Op.110)〉와 함께 병행해 작업했고, 심지어 같은 시기에 〈장엄 미사(Op.123)〉 〈베토벤 교향곡 9번 D단조〉를 작곡했습니다. 주옥같은 대작들이 동시에 탄생되고 있었던 것입니다.

〈베토벤 피아노 소나타 32번 C단조〉에서 1악장과 2악장은 극명한 대비를 이루고 있습니다. 이 2개의 악장은 베토벤의 삶 전체를 조명하는 것 같기도, 신과 자신이 은밀하게 나누고 있는 대화를 악보로 옮겨놓은 것 같기도 합니다. 특히 2악장은 변주곡과 함께 하는 아리에타(소규모의 아리아)인데요. 천상계의 아름다움을 담은 것과도 같은 경이로운 곡입니다. 그러나 기술적인 어려움 또한 극에 달한 곡이어서 출판 당시에는 아무도 연주할 엄두를 내지 못했습니다. 연주 난이도로 인해 목소리를 내지 못하고 있다 30여 년이 흐른 후 다행히 한스 폰 뷜로우와 안톤 루빈시테인에 의해 연주되었고 이후 여러 피아니스트에 의해 연주되었습니다.

이해하기 쉬운 곡은 아니지만 일단 빠지면 헤어 나오기 힘든 곡입니다. 매번 들을 때마다 새로운 감동을 줍니다. 저는 2악장만큼은 20분에 달하더라도 조금 느린 템포로 연주하는 것을 선호합니다. 소나타와의 작별뿐만 아니라 마치 세상과 작별하는 느낌이 드는 이 곡이 빠르게 연주되면 왠지 아쉽습니다.

'Beethoven Sonata N° 32 Daniel Barenboim'
(Ahmed Barod, 2012년 12월 7일)

'Claudio Arrau Beethoven Piano Sonata No. 32 (Full)'
(Farookhq17, 2012년 1월 21일)

▎베토벤 〈현악4중주 13번 B플랫장조〉

〈현악4중주 13번 B플랫장조(Op.130)〉는 6개 악장으로 구성되어 있습니다. 1826년 초연 당시 청중은 마지막 6악장의 '대푸가'가 너무 어렵고 구성에 어울리지 않다고 생각했습니다. 베토벤은 "제일 좋은 부분이 바로 이 대목인데 사람들은 이해하지 못한다"라며 불평했지만, 1826년 죽음을 앞두고 병상에 눕기 직전 아주 유쾌한 성격의 새로운 6악장을 작곡해주었습니다. 이렇게 이 악장은 베토벤이 작곡한 마지막 음악이 되었죠. 기존의 6악장이었던 '대푸가'는 작품번호 133번으로 따로 출판되었습니다. 그러나 시간이 흐르면서 '대푸가'는 작품번호 130의 6악장으로 재조명되었고 최근에는 베토벤이 원래 의도한 대로 연주하는 경우도 종종 있습니다.

〈현악4중주 13번 B플랫장조〉 5악장 카바티나(기악 반주가 따른 서정적인 독창곡)는 바흐의 〈브란덴부르크 협주곡〉 2번 중 1악장, 모차르트의 〈마술피리〉의 아리아 등과 함께 보이저 금제 음반에 수록되었습니다. 보이저 금제 음반이란 언젠가 외계 생명체가 인간의 존재를 알게 될 것이라는 희망으로 1977년에 발사한 보이저 2호 우주선에 실린 지구를 대표하는 음악이 담긴 음반입니다.

끔찍한 고통과 시련을 겪은 베토벤이지만 5악장 카바티나는 해탈의 경지에 오른 듯 '삶에 대한 무한한 감사'를 담고 있습니다. '대푸가'까지 연주할 경우 50분에 달하는 작품이지만 베토벤 만년의 천재적인 음악성과 그의 삶에 담긴 모든 희노애락을 느낄 수 있다는 점에서 오히려 아쉽고 짧게 느껴지기도 하는 명곡입니다. 유쾌한 버전의 6악장과 '대푸가'를 6악장으로 연주한 2가지 영상을 비교해보세요.

Beethoven String Quartet No 13 Op 130 in B flat major
Alban Berg Quartet'
(Natalia Karatjeva, 2017년 7월 31일)

'The Quatuor Ebène plays Beethoven Quartett Op. 130 with
the Fuge'(FestivalWissembourg, 2016년 10월 16일)

파가니니, 베버, 로시니

▌파가니니 〈24개의 카프리스〉

니콜로 파가니니(Niccolò Paganini, 1782~1840년)는 악마에게 영혼을 팔았다는 말을 들을 정도로 19세기에는 상상도 못할 초절정의 기교로 명성이 높았던 바이올리니스트입니다. 파가니니는 10대 때부터 천재적인 바이올린 연주로 청중을 사로잡으며 엄청난 성공과 부를 거머쥐었고 항상 팬을 몰고 다녔습니다. 피아니스트이자 작곡가였던 리스트는 파가니니의 연주를 직접 듣고 이런 말을 남겼습니다.

    4부 입문자를 위한 클래식 명작 106

"수십여 년이 지나도, 난 그때의 여운을 잊지 못한다. 그때, 나는 파가니니 연주를 듣고 눈물이 계속 나왔다. 나는 죽어도 저 사람의 연주 실력을 따라가지 못한다. 그 누가 저 사람을 바이올린 연주로 앞선단 말이냐! 절대 그럴 수 없을 것이다. 그러나 저 사람이 바이올린을 한다면 나는 피아노의 파가니니가 되겠다!"

파가니니는 1802년부터 1817년까지 독주 바이올린의 거의 모든 테크닉을 고스란히 담은 〈24개의 카프리스〉를 작곡했습니다. 모든 곡이 기교뿐만 아니라 귀를 단번에 사로잡을 정도로 매력적입니다. 특히 24번은 단순하지만 중독적인 테마와 다채로운 변주곡이 이어지면서 바이올린의 한계를 보여줍니다. 청중뿐만 아니라 후대의 작곡가도 사로잡았는데요. 브람스, 리스트, 라흐마니노프, 루토슬라브스키 등이 이 곡을 테마로 새로운 곡을 내놓았고 원곡 못지않게 큰 사랑을 받았습니다.

'Paganini Caprice no.24 [HQ]'
(Ellingmint, 2009년 8월 11일)

베버 〈마탄의 사수〉

카를 마리아 폰 베버(Carl Maria von Weber, 1786~1826년)만큼 다방면에 두루 재능이 많은 음악가도 드뭅니다. 그는 작곡가로서 13세 때 이미 징슈필(서로 주고받는 대사에 서정적인 노래가 곁들여진 민속적인 오페라)을 작곡했고, 피아니스트이자 지휘자로서도 유명했습니다. 게다가 글 쓰는 능력과 석판화 솜씨도 좋았으며, 기타 연주와 노래까지 출중했다고 합니다.

무엇보다 그의 대표적 커리어는 1821년 베를린에서 초연된 오페라 〈마탄의 사수〉를 작곡한 것입니다. 이 오페라는 17세기 독일 보헤미아의 숲을 배경으로 사랑하는 여인을 얻기 위해 악마와 거래하는 젊은 사냥꾼의 이야기를 담고 있습니다. 독일의 민속적 요소를 가득 담았을 뿐만 아니라 음악적으로도 워낙 훌륭했기 때문에 발표하자마자 '국민 오페라'로 자리매김합니다. 〈마탄의 사수〉는 기존에 유행했던 이탈리아 오페라가 멜로디의 아름다움이나 성악에 집중하는 것과 달리 대본과 이야기의 전달을 중요시하는 오페라입니다. 이런 점은 후대의 거의 모든 낭만주의 시대의 작곡가에게 큰 영향을 미쳤습니다. 특히 〈마탄의 사수〉는 바그너가 나중에 완성하게 되는 음악극의 출발점이라고도 볼 수 있어 베버는 '독일 낭만파 오페라의 창시자'로 불리기도 합니다.

오페라 전체로 가기 전에 일단 〈마탄의 사수〉 서곡부터 들어보세요. 베버의 음악적인 면모를 진하게 느낄 수 있습니다. 앞의 느린 부분에서 호른 4대의 선율에 더불어 현악기가 절묘하게 어우러지며 숲속 풍경을 그리게 합니다. 이어지는 빠른 부분에서는 오페라 속 주요 주제들이 차례로 등장합니다. 클래식 애호가들은 "이처럼 작품 전체를 효과적으로 보여주는 서곡은 드물다"라고 평가하고 있습니다.

'Eschenbach | Carl Maria von Weber: Ouvertüre zur Oper „
Der Freischütz" | SWR Symphonieorchester'
(Klassik | SWR Kultur, 2019년 9월 15일)

▌ 로시니 〈세비야의 이발사〉

〈세비야의 이발사〉는 성악의 아름다움과 기교에 치중하던 벨칸토 시대의 대표작이자 1816년 로마에서 초연된 이후 지금까지 오페라 역사상 최고의 인기작 중 하나로 꼽히는 작품입니다. 원작 '세비야의 이발사'는 프랑스 극작가 피에르 보마르셰의 희곡 '피가로 3부작' 중 첫 번째로, 두 번째는 모차르트의 오페라로도 유명한 '피가로의 결혼'입니다. 조반니 파이시엘로라는 작곡가가 '세비야의 이발사'를 토대로 오페라를 발표해 큰 성공을 거뒀고, 이후 조아키노 로시니(Gioacchino Rossini, 1792~1868년)가 다시 같은 원작을 바탕으로 오페라 〈세비야의 이발사〉를 작곡했습니다.

내용은 이렇습니다. 바람둥이 알마비바 백작은 아름다운 로지나를 마음에 두고 있지만 그녀의 곁에는 늙고 약삭빠른 의사 바르톨로가 후원자로 있어 접근이 쉽지 않았습니다. 알마비바 백작은 친구인 이발사이자 만능꾼 피가로에게 그녀를 소개해달라고 부탁합니다. 여러 우여곡절 끝에 결국 백작은 늙은 바르톨로와 로지나의 결혼을 무산시키고 로지나와의 결혼에 성공합니다.

가장 성공한 오페라부파(이탈리아어로 쓰인 가볍고 희극적인 오페라)인만큼 작품 전체는 익살스럽고 재치 있는 아리아로 가득합니다. 적극적이고 당찬 메조소프라노 로지나, 적극적으로 구애하는 테너 백작, 능청스러운 바리톤 피가로, 음흉하고 늙은 의사 바르톨로 등 캐릭터가 모두 각자의 성악적 기교를 뽐냅니다. 오케스트라 역시 반주 역할에만 머무르지 않고 독립적으로 색채감을 뽐내고 있어 솔로부터 합창까지 이어지는 '로시니 크레센도'를 맘껏 즐길 수 있습니다. 로시니가 23세에 불과 3주 만에 써내려간 작품이며 그의 낙천적인 성품이 고스란히 느껴지는 작품입니다.

'Rossini - Il Barbiere di Siviglia (Scenary by Luigi Perego, conducted by Nello Santi)'(EuroArtsChannel, 2019년 10월 25일)

슈베르트, 베를리오즈

슈베르트 〈겨울 나그네〉

슈베르트는 31년의 짧은 생을 살았음에도 무려 600여 곡의 가곡을 남겼습니다. 그중 가곡집 형태로 출판된 것은 모두 세 작품인데요. 순서대로 〈아름다운 물방앗간 아가씨(D.795)〉〈겨울 나그네〉〈백조의 노래(D.957)〉를 남겼습니다. 세 작품 중 앞의 두 작품은 빌헬름 뮐러의 시에 슈베르트가 음악을 붙인 형식입니다.

슈베르트는 〈겨울 나그네〉를 작곡하던 당시 이미 건강이 매우 악

     4부 입문자를 위한 클래식 명작 106

화된 상태였고 죽음을 예감하고 있었습니다. 이런 절망적인 마음을 반영하듯 작품의 내용 또한 매우 우울하고 슬픕니다. 사랑에 실패한 청년이 작별인사를 하고 한겨울에 눈보라가 휘몰아치는 길을 나서면서 곡은 시작합니다. 나그네가 되어 여기저기 떠돌며 어디에도 정착하지 못합니다. 가끔 행복했던 시절을 떠올리기도 하지만 이내 그가 마주하는 것은 매몰찬 겨울바람뿐입니다. 마지막 노래 '거리의 악사'에서 나그네는 자신의 처지와 닮은 노인을 만납니다. 노인은 동전 하나 없는 빈 접시를 앞에 두고 꽁꽁 언 손으로 손풍금을 연주하고 있습니다. 〈겨울 나그네〉의 마지막 가사는 이렇습니다.

"노인이여, 저와 함께 가시지 않겠습니까? 제 노래에 맞춰 손풍금을 연주해주시지 않겠습니까?"

이듬해 슈베르트는 세상을 떠나고 맙니다. 평생을 가난과 외로움에 시달렸던 슈베르트가 병마와 싸우며 써내려간 〈겨울 나그네〉를 통해 당시 그의 정서와 감정을 진하게 느낄 수 있습니다. 가곡 창작에 있어 그의 음악성이 정점에 닿아 있는 작품입니다. 24곡 중 어떤 곡을 들어도 명곡이지만 가사를 음미하면서 전체 작품을 들어보기를 권합니다.

'Schubert: 'Winterreise' - Ian Bostridge - Live concert HD'
(AVROTROS Klassiek, 2016년 7월 4일)

'Winterreise - Peter Mattei (baritone) & Lars David Nilsson
(piano)'(Ritta Tuffo, 2020년 12월 14일)

▌슈베르트 〈교향곡 제9번 C장조〉

1825년에 슈베르트는 앞선 작품과는 다른 장대함을 자랑하는 〈슈베르트 교향곡 제9번 C장조(D944)〉를 완성합니다. 곡의 긍정적인 분위기처럼 이 작품에 대해 기대와 자신감으로 가득 찬 슈베르트는 곡의 초연을 위해 빈 음악협회와 함께 노력을 기울입니다. 그러나 작품이 지나치게 길고 내용이 어렵다는 이유로 결국 연주가 이뤄지지 않았습니다. 슈베르트는 1828년 이 곡을 개정까지 하며 다시 한번 완성하지만 엄청난 음악성과 온 마음을 담은 이 대작을 살아생전 무대에 올리지 못합니다.

슈베르트가 죽고 10년이 지난 1838년, 빈에 머물던 작곡가 슈만은 슈베르트의 친동생 페르디난트 슈베르트가 살아 있다는 소식을 듣고 그의 집으로 향합니다. 슈만은 책상 위에서 발표되지 못하고 먼지가 내려앉은 슈베르트의 악보 하나를 발견합니다. 슈베르트

     4부 입문자를 위한 클래식 명작 106

가 죽기 전에 완성한 걸작 〈슈베르트 교향곡 제9번 C장조〉였습니다. 그는 곧바로 라이프치히로 악보를 보냈고 작곡가 멘델스존은 이 악보를 받아들고 머지않아 1839년 라이프치히 오케스트라와 해당 작품 전체를 처음으로 세상 밖으로 꺼냅니다. 부제인 '그레이트'는 사후에 붙여진 것인데 이에 대한 슈만의 설명은 이렇습니다.

"이 교향곡은 장 폴의 4권의 장편소설 못지않게 장대한 길이를 가지고 있다. 이것들이 모두 좀처럼 끝나지 않는 것은 그럴 만한 이유가 있는데, 결국 독자들로 하여금 뒤를 마음껏 생각하도록 하게 마련이므로 끊을 수가 없는 것이다. (…) 마치 꾸며진 것 같은 에피소드이기는 하지만 이 곡이 '그레이트'라 불리는 이유는 여기에 있다."

〈베토벤 교향곡 9번 D단조〉'합창'과도 비견되는 이 명곡은 슈베르트의 다른 작품에서 보이는 우울한 곡조와 달리 모든 악장이 역동적인 에너지로 가득합니다. 슈베르트는 직접 듣지 못한 음악을 우리는 들을 수 있습니다. 슈베르트가 상상만으로 만들었다고는 믿기지 않을 정도로 음악 곳곳은 그의 독창성과 천재성으로 가득합니다.

'Schubert: Große C-Dur-Sinfonie · hr-Sinfonieorchester ·
Andrés Orozco-Estrada'(hr-Sinfonieorchester –
Frankfurt Radio Symphony, 2019년 1월 11일)

▎슈베르트 〈피아노 소나타 21번 B플랫장조〉

"나는 매일 아프고 힘들지만, 사람들은 내 음악으로 행복할 것이다."

슈베르트가 남긴 말처럼 죽음을 코앞에 둔 그의 처지와 달리 〈슈베르트 피아노 소나타 21번 B플랫장조(D.960)〉는 1악장 도입부부터 따뜻한 선율이 밀려들며 듣는 사람을 행복하게 합니다. 슈베르트는 음악에서만큼은 이상할 정도로 스스로에게 엄격한 사람이었습니다. 엄청난 고통 속에서도 자신의 음악을 발전시켜야 한다는 사명감으로 1828년 그는 3곡의 피아노 소나타를 남깁니다. 그로부터 두 달 뒤 세상을 떠나면서 이 소나타들이 유작이 되었습니다.

슈베르트는 진심으로 베토벤을 존경했습니다. 베토벤이 죽고 이듬해 슈베르트 또한 세상을 떠나면서 둘은 나란히 빈의 중앙묘지에 묻히게 됩니다. '가곡의 왕'이라 불리는 그지만 사실 만년에는 베토벤에 필적하는 기악작품을 많이 남겼습니다. 안타깝게도 당시에는, 심지어 사후에도 그의 곡은 이해하기 어렵고 길다는 이유로 제대로 된 평가를 받지 못했습니다. 그러나 후대에는 이 피아노 소나타들이 고전주의를 완성하는 한편 앞으로 다가올 낭만주의를 활짝 열어젖힌 위대한 작품이었다며 재평가를 받습니다.

〈슈베르트 피아노 소나타 19번 C단조(D.958)〉〈슈베르트 피아노 소나타 20번 A장조(D.959)〉 또한 엄청난 걸작이지만 〈슈베르트 피아노 소나타 21번 B플랫장조〉는 슈베르트만의 독창적인 멋이 좀 더 묻어납니다. 선율이 끊이지 않고 계속해서 이어지면서 음악이 무한히 팽창하는 것 같습니다. 피아노 한 대로 표현할 수 있는 무한한 음향의 가능성을 보여주면서도 감정적으로는 기쁨과 슬픔, 삶과 죽음의 경계를 넘나듭니다.

'Schubert Piano Sonata No 21 D 960
B flat major András Schiff'
(Sonorum Concentus Haydn & Schubert, 2020년 10월 12일)

'Schubert Piano Sonata No 21 D 960 B♭ Mitsuko Uchida'
(Sonorum Concentus Haydn & Schubert, 2022년 2월 23일)

▌베를리오즈 〈환상 교향곡〉

엑토르 베를리오즈(Hector Berlioz, 1803~1869년)는 형식에 얽매이지 않는 자유로운 곡을 많이 남긴 프랑스 작곡가입니다. 대규모 기악곡 창작에 몰두했고 프랑스 특유의 섬세하고 다채로운 음색과 음향을 사용해 이야기를 담은 음악이 많습니다. 베를리오즈는 스스로도 말했듯이 베토벤에게 가장 큰 영향을 받았고, 그의 작품은 리스트나 바그너와 같은 작곡가에게도 큰 영향을 주었습니다.

1832년에 작곡된 그의 대표작 〈환상 교향곡(Op.14)〉은 고정된 관념을 나타내는 선율을 뜻하는 '고정악상(idée fixe)'을 사용하고, 각 악장에 이야기를 부여하면서 표제음악 분야를 개척한 작품입니다. 베를리오즈는 10세 연상의 여배우 헤리엇 스미드슨을 열렬히 사랑했지만 실연을 당했고 지옥과 같은 시간을 경험합니다. 사실상 이런 자신의 이야기가 교향곡 안에 고스란히 담겨 있습니다.

5악장으로 이뤄진 작품의 각 악장에는 '꿈' '정열(1악장)' '무도회(2악장)' '전원풍경(3악장)' '단두대로의 행진(4악장)' '마녀들의 밤의 향연과 꿈(5악장)'이라는 제목이 붙어 있습니다. 간단히 줄이자면 병적인 관능과 강렬한 상상력을 지닌 한 청년 예술가가 아편으로 음독자살을 시도하는데, 복용량이 적어 혼수상태에 빠지면서 기괴한 환상을 본다는 내용입니다.

1시간가량으로 상당히 긴 교향곡이지만 쉴 새 없이 이어지는 베를리오즈 특유의 관현악으로 지루할 틈이 없습니다. 자주 변화하는 템포로 곡 전체에 긴장감을 주며 대비가 상당히 큰 악상 변화 또한 정신을 번쩍 들게 합니다. 지루할 때쯤에는 사랑했던 연인을 상징하는 고정악상이 다채로운 템포로 등장합니다. '어느 예술가 일생의 이야기'라는 부제가 달려 있기도 한 이 작품으로 베를리오즈는 로마대상을 수상했고 우여곡절 끝에 1833년 그토록 사랑한 해리엇 스미드슨과도 결혼합니다.

멘델스존, 슈만

▎ 멘델스존 〈교향곡 제3번 A단조〉

멘델스존은 1829년에 처음 런던을 방문해서 연주회를 열었고 일정 중 일행과 스코틀랜드에서 휴가를 즐기기도 했습니다. 글래스고와 에든버러 등을 여행하며 스코틀랜드의 삶과 문화를 체험한 멘델스존은 그 감동을 그대로 음악으로 옮겼습니다. 〈멘델스존 교향곡 제3번 A단조(Op.56)〉 '스코틀랜드'는 스코틀랜드 역사상 가장 유명한 여왕인 메리 여왕의 이야기에서 영감을 얻은 작품입니다. 메리 여왕은 15세에 프랑스 궁정으로 시집갔지만 병든 국왕이 2년 만에 서거하면서 17개월간 프랑스 여왕직을 보유했고, 이후 스코틀랜드로 돌아가 25년간 스코틀랜드 여왕으로 지냅니다. 결국엔 영국 여왕 엘리자베스 1세에게 처형되며 비극적으로 삶을 마칩니다. 멘델스존은 여행 중 메리 여왕이 좋아했다는 궁전에서 영감을 얻어 교향곡의 도입부를 완성했습니다.

멘델스존은 작곡에 착수한 지 13년이나 걸려서 〈멘델스존 교향곡 제3번 A단조〉를 완성했는데요. 그만큼 작품이 가지고 있는 매력과 완성도가 아주 뛰어납니다. 스코틀랜드의 여러 아름다운 풍경과 메리 여왕의 궁전이 눈앞에 그려지는 이 교향곡을 훌륭한 오케스트라의 연주로 감상해보세요.

'Mendelssohn: 3. Sinfonie (»Schottische«) · hr-Sinfonieorchester · Andrés Orozco-Estrada'(hr-Sinfonieorchester – Frankfurt Radio Symphony, 2020년 12월 30일)

'Mendelssohn: Sinfonie Nr. 3 · Paavo Järvi & Tonhalle-Orchester Zürich'(Tonhalle-Orchester Zürich, 2021년 4월 4일)

▌ 멘델스존 〈무언가〉

멘델스존은 독일 낭만주의를 대표하는 작곡가로서 어린 시절부터 모차르트 못지않은 천재로 불렸습니다. 슈베르트와 같은 어려움 없이 비교적 좋은 환경에서 태어나 자신이 생각하는 음악세계를 묵묵히 펼쳐나갔습니다. 멘델스존의 작품은 대체로 듣기 편하고 자극적이지 않기 때문에 깊이가 덜하고 가벼운 음악으로 생각하는 경우가 있는데요. 사실은 그렇지 않습니다. 그의 작품은 바흐의 학구적인 면과 고전주의 작곡가들이 실현코자 했던 음악 자체의 아름다움, 그리고 베토벤, 슈베르트, 베버의 음악에서 느낄 수 있는 낭만주의 음악의 이상까지 모두 담고 있습니다.

특히 멘델스존은 성악가의 목소리나 가사 없이 피아노의 선율만으로 자연의 풍경과 사람의 감정을 충분히 표현할 수 있다고 생각했습니다. 그는 1829년부터 1845년까지 무려 16여 년 동안 피아노 소품들을 작곡했고 마지막으로 첼로와 피아노를 위한 곡까지 49곡의 '가사 없는 노래', 즉 〈무언가〉를 남겼습니다. 작품들은 대체로 5분 이내로 짧지만 풍부한 서정성으로 가득하며 가사 한 줄 없이도 음악 자체로 선명한 의미와 수많은 이야기를 담고 있습니다.

봄을 표현한 곡은 수도 없이 많지만 〈무언가〉 제5권의 마지막 곡인 '봄의 노래'는 우리가 떠올리는 봄을 가장 완벽하게 담아낸 곡입니다. '사냥의 노래' '베네치아 곤돌라 노래' '2중창' '실 잣는 노래'등도 아주 아름답고 유명합니다.

'Felix Mendelssohn - Complete Songs without Words (Gortler)'
(Tyler, 2023년 1월 7일)

'F. Mendelssohn/D. Barenboim (Songs without words,
Complete)'(Giuseppe Parisi, 2013년 9월 10일)

슈만 〈환상 소곡집〉

"나는 언제나 실체와 그림자 사이에 끼어 있다."

로베르트 슈만(Robert Schumann, 1810~1856년)이 일기장에 토로한 내용입니다. 슈만은 두 자아를 표현하기 위해 가상의 인물을 설정합니다. 하나는 자유롭고 열정적인 '플로레스탄'이고, 다른 하나는 내성적이고 부드러운 '오이제비우스'입니다. 슈만은 이 두 인물을 실제 필명으로 쓰기도 했고 악보에 서명으로 남기기도 했습니다.

음악뿐만 아니라 문학적 소양이 아주 뛰어났던 슈만은 자신의 작품에서 음악과 문학의 만남을 성공적으로 이뤄냈습니다. 슈만은 E. T. A. 호프만의 작품을 즐겨 읽었는데 그의 작품 『칼로의 수법에 의

한 환상 소품집』에서 영감을 받아 〈환상 소곡집(Op. 12)〉을 작곡했습니다.

작품을 들어보면 두 자아는 끊임없이 대비되기도 하고 하나로 합쳐지기도 합니다. 시적인 표제(석양, 비상, 어찌하여?, 변덕, 밤에, 우화, 꿈의 엇갈림, 노래의 종말)가 붙은 8개의 환상곡은 각기 독립적으로 존재할 수 있지만 하나로 연결되어 있기도 합니다. 수많은 감정이 슈만의 상상 안에서 어우러지면서 듣는 사람에게 고스란히 전해집니다. 특히 곡과 곡이 연결될 때 음악의 밀도가 상당히 진하게 느껴지는 작품입니다. 그 부분을 집중해서 감상해보세요.

'Robert Schumann: Fantasiestücke Op. 12 (1837)'
(Paco M., 2016년 1월 10일)

▮ 슈만 〈시인의 사랑〉

슈만은 클라라와 열렬한 사랑에 빠지는데 슈만의 스승이자 클라라의 아버지인 프리드리히 비크의 극심한 반대에 부딪히며 끝없는 법정공방을 이어가게 됩니다. 소송이 시작되면서 슈만에게는 고통스럽고 슬픈 나날이 오랜 기간 이어집니다. 그러다 2년 후인 1840년 비로소 비크는 둘의 관계를 어쩔 수 없이 허락하게 됩니다. 대부분의 인생을 아무도 이해해주지 않는 고통 속에서 보낸 슈만이지만 이 시기만큼은 행복한 하루하루를 보내며 주옥같은 작품을 쏟아냅니다.

'가곡의 왕'이라 하면 슈베르트를 먼저 떠올리지만 슈만 역시 250여 편의 가곡을 남긴 작곡가입니다. 그중 최고의 작품을 꼽으라면 단연 〈시인의 사랑(Op.48)〉입니다. 하인리히 하이네의 시집 『노래의 책』 중 사촌동생과의 이뤄지지 못한 사랑에 대한 고통이 고스란히 담겨 있는 '서정적 간주곡' 부분에 음악을 붙인 작품입니다. 슈만이 하이네의 마음을 이해하지 못했을 리가 없겠죠.

슈베르트의 연가곡과는 조금 다른 면모를 띄고 있는데요. 노래 안에 특정한 사건 없이 조성과 선율에 일관성을 부여하면서 끝없이 이어지는 형태입니다. 각 곡이 짧기도 하지만 굳이 종지를 맺지 않고 다음 곡으로 부드럽게 이어지고 있습니다. 슈만은 작곡가지만 마치 작가처럼 한 편의 시집을 쓰고 있다고 느껴집니다. 매 단어 매 순간이 소중하고 슬프고 아름다운 작품입니다.

'Fritz Wunderlich - Dichterliebe (Robert Schumann)'

(Trebonis, 2014년 3월 8일)

슈만 〈슈만 교향곡 제4번 D단조〉

〈슈만 교향곡 제4번 D단조(Op.120)〉는 낭만파 교향곡의 정수로 꼽히는 명작입니다. 1841년은 '교향곡의 해'로 불립니다. 슈만이 2개의 교향곡과 하나의 작은 교향곡 등 규모가 큰 관현악 작품에 집중했던 시기이기 때문입니다. 클라라와의 결합으로 인생 최고의 황금기를 맞은 슈만은 작곡가로서 보다 넓은 세상으로 나아가기 시작합니다.

〈슈만 교향곡 제4번 D단조〉는 1841년에 〈슈만 교향곡 제1번 B플랫장조(Op.38)〉 '봄' 이후에 바로 작곡되었습니다. 사실은 네 번째가 아닌 두 번째 교향곡입니다. 그러나 이 교향곡은 초연 이후 혹평을 받았고 무엇보다 슈만 본인이 만족하지 못했습니다. 그로 인해 출판을 보류하면서 10년 후인 1851년 개정 과정을 거칩니다. 1853년에 서야 개정판 악보가 라이프치히에서 출판되었고 그 사이 두 번째, 세 번째 교향곡이 발표되면서 '제4번'으로 불리게 됩니다.

이 작품은 고전적인 교향곡의 모습을 하고 있지만 전체에 걸쳐 주제가 순환하며 낭만주의 특유의 서사적인 효과를 담고 있습니다. 또한 슈만의 상상력을 가미해 곡 전체가 형식에 얽매이지 않고 매우 자유롭습니다. 한편으로는 각 악장이 비슷한 선율을 사용하면서 하나의 악상처럼 통일성이 있고 어찌 보면 교향시와 같은 느낌을 주기도 합니다.

슈만이 이 교향곡에 '클라라'라는 이름을 붙이려고 했다는 이야기가 있을 정도로 교향곡 전체는 그녀에 대한 사랑으로 가득합니다. 실제로 클라라에게 헌정되기도 했는데요. 이 교향곡에서만큼은 어두움, 슬픔, 고통보다는 기대, 환희, 기쁨이 가득합니다.

'Schumann: 4. Sinfonie · hr-Sinfonieorchester · Philippe Herreweghe'(hr-Sinfonieorchester – Frankfurt Radio Symphony, 2014년 11월 18일)

'Robert Schumann - Sinfonie Nr. 4 d-Moll op. 120 | Dima Slobodeniouk | WDR Sinfonieorchester' (WDR Klassik, 2022년 12월 29일)

쇼팽, 리스트

쇼팽 〈24개의 전주곡〉

'피아노의 시인'이라 불리는 작곡가 쇼팽은 역사상 최고의 피아노 작곡가이자 고국 폴란드에서 가장 존경받는 위인입니다. 1830년 20세의 쇼팽은 이미 바르샤바에서 가장 뛰어난 음악가였습니다. 연주회를 위해 빈으로 여행을 떠난 쇼팽은 다시는 고국 폴란드로 돌아오지 못했습니다. 프랑스 파리에 정착해 수많은 예술가와 교류하며 음악가로서는 발전하는 계기가 되었을지 모르지만 가족과 조국에 대한 그리움이 마음속 깊이 자리했고, 이러한 감정을 쇼팽의 거의 모든 작품에서 느낄 수 있습니다.

'전주곡'이라 하면 어떤 곡의 도입에 해당하는 부분이지만 쇼팽을 기점으로 전주곡은 독립된 음악으로 존재하게 됩니다. 쇼팽은 모든 장조와 단조를 사용해서 〈24개의 전주곡(Op. 28)〉을 발표합니다. 그야말로 전주곡의 재발견입니다. 처음 곡이 발표되었을 때는 곡 길이가 너무 짧고 어딘가 결여된 느낌을 주었기 때문에 받아들이기 어렵다는 의견이 많았다고 합니다. 그러나 당시에도 리스트와 같은 몇몇 음악가는 매우 긍정적으로 평가했고, 미국의 음악학자 헨리 핀크는 "만약 한 컬렉션을 제외하고 전 세계의 모든 피아노 음악이 파괴되어야 한다면 쇼팽의 전주곡에 한 표를 던져야 한다"라고 말했습니다.

쇼팽의 전주곡은 짧은 순간에도 놀랍도록 분명한 분위기와 감정을 효과적으로 전달합니다. 이는 모든 예술 중 음악만이 할 수 있는 위대한 부분이라고 생각합니다. 모든 곡이 따로도 연주가 가능합니다. 쇼팽 본인도 실제로 한 공연에서 4곡 이상 연주한 적은 없다고 합니다. 그러나 지금은 많은 피아니스트가 24개 곡을 한꺼번에 연주하며 거대한 리사이틀 레퍼토리로 자리 잡았습니다. 24개의 조성을 통해 쇼팽이 만든 24개의 세상을 둘러볼 수 있다는 점에서 감상자에게도 놀라운 경험을 선사합니다.

▌쇼팽 〈폴로네이즈〉

쇼팽의 음악에서 폴란드 민속음악을 빼놓을 수는 없습니다. 그는 '폴로네이즈'나 '마주르카'와 같은 이름의 곡들을 거의 평생에 걸쳐 작곡했습니다. 초기에는 폴란드 사람의 삶을 담은 느긋하고 여유로운 춤곡에 가까웠지만 후기 작품으로 갈수록 감정의 대비가 커지고 보다 큰 의미를 담아낼 수 있는 곡으로 자리 잡았습니다.

쇼팽에게도 아주 행복한 시기가 있었습니다. 1839년부터 1843년까지 쇼팽은 연인인 조르주 상드와 함께 프랑스의 작고 조용한 도시 노앙에서 머물렀습니다. 이 시기를 전후로 쇼팽은 수많은 작품을 탄생시켰고 그중 하나가 〈폴로네이즈(Op. 53)〉 '영웅'입니다. 이 '영웅'이라는 이름이 붙은 데는 연인 조르주 상드의 역할이 컸는데요. 그녀는 프랑스 혁명이 한창일 때 이 곡을 듣고 이런 말을 남겼습니다. "영감! 힘! 활기! 프랑스 혁명에서 보여지는 영혼과 같이 의심의 여지가 없어. 지금부터 이 폴로네이즈는 상징이 되어야 해, 영웅적인 상징" 쇼팽은 자신의 음악에 이름을 붙인 적이 없지만 훗날 이 곡은

'영웅'이라 불립니다.

그런데 곡을 들어보면 조르주 상드의 말이 이해가 갑니다. 곡의 도입부를 들어보면 고난과 역경을 헤치고 세상 밖으로 힘차게 나아가는 모습이 그려집니다. 음악이 장조로 바뀐 후부터는 승리에 대한 기쁨과 자유로움이 느껴집니다. 당당하고 힘차게 시작하는 중간 부분은 이내 섬세하고 부드러운 음악으로 이어지고 다시 처음의 분위기로 돌아갑니다. 음악적으로 풍부한 화성, 귀에 꽂히는 선율, 반음계 진행, 상승과 하강, 다이나믹한 악상 등으로 지루할 틈이 없는 곡입니다.

'Chopin - Polonaise, Op. 53 (Kissin)'

(ClassicalScores, 2010년 4월 25일)

▍리스트 〈전주곡〉

프란츠 리스트(Franz Liszt, 1811~1886년)는 당대 최고의 피아니스트로서 피아노 연주에 있어서 엄청난 기술적, 음악적 발전을 이룬 거장입니다. 비발디, 슈베르트와 같은 선배 작곡가의 음악을 적극적으로 받아들이고 알렸으며 바그너나 베르디와 같은 후배 음악가를 이끌며 그들이 꿈을 펼치도록 도왔습니다. 또한 '교향시'라는 새로운 장르를 창시해 음악사에 뚜렷이 자신의 이름을 남긴 작곡가입니다.

'음악과 문학의 융합'은 낭만주의 시대의 두드러진 경향인데요. 교향시는 바로 그런 경향을 이끈 대표적인 음악입니다. 교향시란 쉽게 말해 '관현악 곡으로 한 편의 시를 쓰는 것'입니다. 교향곡과는 달리 단일악장으로 이뤄져 있으며 표현 방식이 매우 자유롭습니다. 리스트 이후에는 R. 슈트라우스가 교향시를 대표하는 작곡가로 대두되었습니다.

교향시 중 〈마제파(S.100)〉와 더불어 가장 사랑받는 작품이 바로 〈전주곡(S.97)〉입니다. 곡은 단일악장이지만 4개 부분으로 나눠져 있습니다. 1부는 '봄의 정서와 사랑에의 욕방', 2부는 '생명의 폭풍우', 3부는 '사랑의 위안과 평화로운 목가', 4부는 '싸움과 승리'입니다. 화려한 관현악법과 뛰어난 상상력으로 무장하고 있으며 귀에 꽂히는 선율도 많아 자주 듣게 되는 명곡입니다.

'Les Préludes (Franz Liszt) Daniel Barenboim mit Berlin
Philharmoniker - Staatsoper Berlin (1998)'
(bruno mortier, 2015년 1월 3일)

'Liszt - Les Préludes, S. 97
(Gianandrea Noseda, Orchestre de Paris)'
(wocomoMUSIC, 2021년 10월 3일)

▍ 리스트 〈사랑의 꿈〉

19세기에는 독주 리사이틀이라는 형태 자체가 없었습니다. 리스트는 딱딱한 형식에서 탈피해 피아노를 옆으로 돌려 과감하고 열정적으로 자신의 연주를 선보였으며 관객을 매료시키는 데 성공했습니다. 이후 리스트의 독주 리사이틀은 유럽 전역에서 큰 인기를 끌었고, 다른 작곡가에게도 영향을 끼치면서 독주 리사이틀이 일반적인 공연 형태로 자리 잡게 됩니다.

연주뿐만 아니라 작곡과 편곡을 통해서도 리스트는 독주자로서 날개를 달았습니다. 1845년에 리스트는 3편의 가곡을 작곡하는데 독일의 시인 프라일리그라트의 시에 음악을 붙인 〈테너 또는 소프라노를 위한 3개의 노래〉입니다. 리스트는 이 가곡을 피아노 독주곡으로 편곡했습니다. 이 중 3번째 곡의 제목은 '사랑할 수 있는 한 사랑하라'입니다. 현재 〈사랑의 꿈(Op.64)〉이라 불리며 리스트의 작품 중 가장 많은 사랑을 받고 있죠.

명곡은 듣는 사람에 따라 자유롭게 변화합니다. 사랑에 대한 설렘, 열정, 그리움, 후회, 기쁨, 슬픔 등 어떻게 생각하고 들어도 리스트의 작품은 그에 맞춰 감정을 드러냅니다. 연주자가 어떻게 해석하느냐에 따라서 완전히 다르게 다가오기도 합니다.

'Jonas Kaufmann sings Liszt's Liebestraum in A flat, S. 541 No. 3 "Love Dream"'(medici.tv, 2021년 11월 19일) 

4부 입문자를 위한 클래식 명작 106

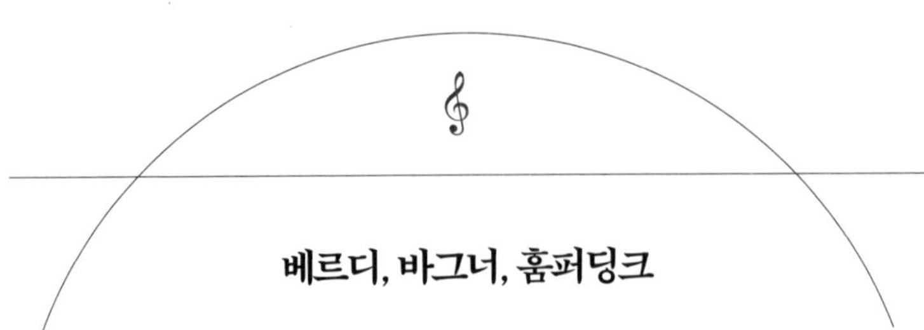

베르디, 바그너, 훔퍼딩크

▌ 베르디 〈라 트라비아타〉

음악 역사상 단 한명의 오페라 작곡가만 뽑아야 한다면 역시 주세페 베르디(Giuseppe Verdi, 1813~1901년)를 꼽을 수밖에 없습니다. 베르디의 오페라는 당대에도 오늘날에도 세계 어디서든 성황리에 공연됩니다. 〈라 트라비아타〉는 베르디가 세계적인 명성을 얻게 된 최초의 오페라이자 지금까지도 매년 공연 횟수로 1위를 다투는 최고 인기작입니다. 개인적으로는 직접 독일의 오페라 극장에서 오케스트라 단원으로서 여러 번 연주한 곡이라 각별합니다. 빤한 내용이고 입문용 오페라로 인식되지만 그 안에 담긴 음악이 주는 감동은 언제 들어도 가볍지 않습니다.

알렉상드르 뒤마 피스의 『동백꽃 아가씨』를 원작으로 프란체스코 마리아 피아베가 각색해 이탈리아어 대본이 완성됩니다. 제목에서 '트라비아타'란 '길을 잘못 든 여자'라는 뜻으로 곧 여주인공 비올레타를 뜻합니다. 비올레타가 가진 직업을 '코르티잔'이라 불렀는데요. 과거 유럽권 궁정에 있었던 여인을 일컫는 말로 극중에서는 상류층을 상대하는 고급 매춘부나 정부를 뜻합니다.

줄거리는 이렇습니다. 19세기 파리, 시골 부유한 집안 출신의 청년 알프레도가 파티에서 비올레타를 소개받고 첫눈에 반합니다. 둘은 사랑에 빠져 교외에서 함께 살게 되는데요. 이때 알프레도의 아버지가 찾아와 그녀를 동정하는 한편, 아들과의 관계를 끊어달라고 부탁합니다. 비올레타는 가슴이 아프지만 이 요청을 받아들이고 옛 거처로 돌아갑니다. 사정을 모르고 배신당했다 생각한 알프레도는 파리로 쫓아가 파티 석상에서 그녀에게 돈을 뿌리며 심한 모욕을 줍니다. 세월이 흘러 비올레타는 병을 앓고 죽어가는데 그제야 오해를 푼 알프레도와 그의 아버지는 후회하며 예전의 생활로 돌아가기를 간절히 빕니다. 하지만 이미 시간은 늦었고 비올레타는 그들이 지켜보는 가운데 숨을 거둡니다.

이중적인 사회적 윤리와 과거의 인습에 대한 저항을 담고 있는 이 오페라는 내재된 의미를 여러 번 되짚어볼 만한 좋은 작품입니다. 그런데 음악만으로도 매우 충만합니다. 1막 '축배의 노래' '언제나 자유롭게', 2막 '집시들의 노래' 등 주옥같은 곡이 즐비합니다. 특히 비올레타와 알프레도의 아버지가 대화하며 길게 이어지는 장면, 그리고 마지막 비올레타의 모습과 감정을 그린 '안녕, 지난날이여'에서 등장하는 음악은 아주 섬세하고 감동적입니다.

'Verdi: La traviata (Act 2): "Madamigella Valery?" - Marina Rebeka & Dmitri Hvorostovsky'(Marina Rebeka, 2017년 11월 24일)

'La traviata - Addio, del passato (Ermonela Jaho, The Royal Opera)' (Royal Opera House, 2019년 2월 2일)

▌ 베르디 〈아이다〉

오페라 〈아이다〉는 에티오피아와 이집트를 배경으로 하고 있습니다. 아이다는 에티오피아의 공주였지만 전쟁에 패배하며 이집트에서 암네리스 공주의 하녀로 일합니다. 절대 권력을 가진 파라오의 딸 암네리스는 젊은 장군 라다메스를 좋아하고 있습니다. 그러나 라다메스는 아이다와 서로 사랑하는 사이입니다. 전쟁을 벌이는 상대국 공주와 침략국 장군의 사랑은 역시 비극적입니다. 사랑을 택한 두 사람은 함께 돌무덤 속에서 최후를 맞습니다.

삼각관계를 바탕으로 오페라의 시작부터 마지막까지 이어지는 2중창은 이 작품의 가장 큰 매력입니다. 앞서 살펴본 〈라 트라비아타〉로부터 20년이나 지난 뒤에 쓰인 작품인 만큼 베르디의 음악도 다양한 모습으로 발전했습니다. 가장 유명하고 규모가 큰 개선행진곡이 아이다의 상징처럼 여겨지지만, 오페라가 시작할 때 들릴 듯 말 듯 흘러나오는 현악기 사운드와 마지막 2중창에서 나타나는 오케스트라의 섬세한 표현력도 백미입니다.

베르디와 바그너는 동갑이자 라이벌이었습니다. 베르디는 오페라로 먼저 엄청난 성공을 거두면서 이탈리아에서는 그야말로 조국의 자랑이 되었습니다. 그러나 〈아이다〉 작곡 당시에는 전 유럽이 바그너의 오페라에 열광하고 있었고 베르디가 발표한 〈돈 카를로스〉와 〈아이다〉는 바그너적인 요소가 너무 많다며 비난을 받기도 했습니다. 그러나 베르디는 이 작품에서 이탈리아 오페라의 요소를 지키면서도 음악적으로 한층 발전해 역시 거장다운 면모를 보여줍니다.

'Verdi Opera Aida - Gloria all' Egitto, Triumphal March - HD'

(Frys Lan, 2014년 5월 4일)

▌베르디 〈팔스타프〉

베르디는 무려 26개의 오페라를 작곡했는데요. 〈팔스타프〉는 그의 마지막 작품이고 유일한 희극 오페라입니다. 1847년 발표한 〈맥베스〉와 1887년 발표한 〈오텔로〉와 더불어 베르디가 셰익스피어의 작품을 바탕으로 만든 세 번째 오페라이기도 합니다. 이 오페라는 〈윈저의 즐거운 아낙네들〉과 〈헨리 4세〉를 포함한 셰익스피어의 몇몇 연극에 등장하는 존 팔스타프라는 가상의 인물에 바탕을 두고 있습니다. 〈팔스타프〉는 1893년 밀라노 스칼라 극장에서 초연이 이뤄졌고 엄청난 성공을 거둡니다.

오페라 안에서는 뚱뚱하고 나이든 기사 팔스타프가 부를 얻기 위해 두 유부녀를 유혹하는 이야기가 펼쳐집니다. 그러나 그의 계획은 실패하고 공개적으로 망신을 당하게 됩니다. 그럼에도 불구하고 팔스타프는 삶의 기쁨과 웃음의 중요성에 대해 이야기하는 마지막 아리아를 부르며 오페라는 막을 내립니다.

〈팔스타프〉는 베르디의 마지막 작품이기도 하지만 가장 위대한 작품이기도 합니다. 짜임새 있고 미묘하게 얽힌 음악 구성 때문입니다. 더불어 성악가들의 앙상블, 혁신적인 관현악법 또한 주목할 만합니다. 그러나 무엇보다 멋진 점은 인생의 황혼기에 이른 베르디가 작품을 통해 웃고 있다는 것입니다. 베르디는 〈팔스타프〉를 작곡하며 "내가 그동안 수많은 영웅과 여주인공을 학살한 이후 이제야 웃을 여유가 생겼다"라는 농담을 던졌습니다. 오페라 안의 모든 음악이 훌륭하지만 베르디의 생각을 담고 있는 마지막 중창 '세상 모든 것이 익살이야(tutto nel mondo è burla)'를 꼭 감상해보세요.

'G. VERDI- Falstaff - Tutto nel mondo è burla'
(SuperGMajor7, 2012년 3월 31일)

'Tutti Gabbati (everyone is fooled)'
(skeptonomist habilis, 2014년 5월 2일)

바그너 〈탄호이저〉

이번에는 리하르트 바그너(Richard Wagner, 1813~1883년)의 차례입니다. '바그너 음악'이라고 지레 겁을 먹을 필요는 없습니다. 바그너의 음악은 많은 사람에게 커다란 장벽처럼 느껴지는 것이 사실입니다. 바그너의 작품은 언젠가 정복해야 할 하나의 목표로써 우두커니 서있습니다.

음악에 귀가 어느 정도 익숙해진 다음에도 공부를 하면 할수록, 음악을 들으면 들을수록 바그너가 만들어놓은 세상이 조금씩 커지는 인상을 받습니다. 그렇기에 바그너라는 작곡가는 게임 속 '끝판

4부 입문자를 위한 클래식 명작 106

왕'처럼 클래식 애호가에게 있어 꼭 필요한 존재입니다.

아직은 바그너의 오페라에서 아리아의 모습이 남아 있는 작품이므로 입문작으로 〈탄호이저〉를 추천하고 싶습니다. 나중에 바그너는 '오페라'라는 이름보다는 '음악극'이라는 이름을 내세웠지만 이 작품은 32세의 젊은 그가 스스로 '낭만적 오페라'라고 이름을 붙인 작품입니다.

물론 〈탄호이저〉도 쉽지만은 않습니다. 아리아와 레치타티보의 경계가 없는 부분, 아리아를 끝맺지 않고 바로 다음 음악으로 이어지는 무한선율적인 부분, 유도동기(주요 인물, 사물, 특정한 감정 등을 상징하는 동기로, 반복적으로 사용하면 극의 진행을 암시할 수 있고 통일감을 준다)의 사용 등이 그렇습니다. 앞으로 이어질 바그너 음악세계에서는 이런 부분이 더욱 두드러지게 됩니다.

13세기 초 음유시인이자 기사인 탄호이저는 비너스의 유혹에 빠져 관능의 포로가 되어 헤어나지 못합니다. 그러나 그를 사랑했던 엘리자베트의 진실된 사랑과 그녀의 죽음으로 그도 따라 죽으면서 영혼의 구원을 받습니다.

〈탄호이저〉는 풍부한 관현악 음향과 인상적인 선율로 가득한데요. 특히 유명한 두 곡은 로마로부터 돌아온 순례자들의 행렬이 등장할 때 나오는 '순례자의 합창', 그리고 볼프람이 별빛을 바라보면서 엘리자베트를 위해 부르는 '저녁별의 노래'입니다.

'Tannhäuser - Pigrim's Chorus'
(ClassiQ Music Vision, 2014년 9월 8일)

'Tannhaüser | Peter Mattei as Wolfram -
"Oh du mein holder Abendstern" (DVD/Blu-ray highlight)'
(Bel Air Classiques, 2015년 12월 8일)

▍바그너 〈트리스탄과 이졸데〉

많은 '바그네리안(열렬히 바그너의 음악을 숭배하는 사람)'을 낳은 작품입니다. 바그너는 스위스 망명 중에 자신을 후원해준 오토 베젠동크의 아내 마틸데와 금단의 사랑에 빠지게 됩니다. 아내가 있었음에도 자신의 예술을 진정으로 이해하는 베젠동크 부인과 사랑에 빠졌고, 그녀와 이어지고 싶은 바그너의 간절한 소망은 오페라 〈트리스탄과 이졸데〉를 낳았습니다.

4시간에 걸쳐 장황한 대사와 음악이 펼쳐지는 작품이지만 스토리가 아주 복잡하지는 않습니다. 콘월의 마르케왕은 결혼을 위해 기사 트리스탄에게 아일랜드 공주 이졸데를 데려오라고 명령합니다. 기사 트리스탄은 이졸데를 배에 태워 바다를 건넙니다. 그런데 과거의 원한에도 불구하고 이졸데가 트리스탄의 상처를 치료해주면서 두 사람은 사랑하는 사이가 됩니다. 연정을 품었음에도 자신을 왕과 결혼시키려는 트리스탄에게 분노한 이졸데는 배 안에서 그와 함께 독이 든 술을 마시고 죽으려 합니다. 그런데 시녀 브랑게네가 독약을 사랑의 묘약으로 바꿔치기 하는 바람에 두 사람은 더욱 열정적인 사랑에 빠지고 맙니다. 그렇게 사랑을 나누던 두 사람의 밀회는 마르케 왕에 의해 발각되고, 왕의 심복 멜롯에 의해 트리스탄은 중상을 입습니다.

시종 쿠르베날과 함께 상처 입은 몸으로 고향에 온 트리스탄은 이졸데를 기다리며 천천히 죽어갑니다. 뒤늦게 이졸데가 도착하자 트리스탄은 마지막 힘을 짜내 이졸데를 포옹한 후 그대로 숨을 거둡니다. 뒤이어 마르케왕이 도착하고 시종 쿠르베날은 왕의 심복 멜롯을 죽이고 자신도 죽음을 맞이합니다. 사실 마르케왕은 두 사람의 불륜이 사랑의 묘약 탓이란 것을 알고 둘을 결혼시키고자 온 것인데 트리스탄이 죽은 모습을 보고 넋을 잃습니다. 이졸데는 '사랑의 죽음'을 부르며 트리스탄을 따라 자결합니다.

〈트리스탄과 이졸데〉는 그야말로 본격적으로 바그너스러운 작품입니다. '트리스탄 화성'을 비롯한 다양한 색채, 깊으면서 관능적인 관현악, 결코 끝나지 않고 길게 늘어뜨리는 무한선율은 처음에는 낯설지만 한 번 빠지면 헤어 나오기 힘듭니다. 서곡도 물론 좋지만 3막의 전주곡과 마지막 '사랑의 죽음'만 따로 들어도 바그너의 매력을 느끼기에 충분합니다.

'Wagner: Tristan und Isolde, Act III: Prelude'
(Staatskapelle Dresden, 2018년 11월 30일)

'Jessye Norman - Liebestod
(Tristan and Isolde by Richard Wagner)'(James, 2013년 1월 20일)

▮ 바그너 <니벨룽의 반지>

역사상 가장 천재적인 예술가 중 한 명인 바그너가 인생의 필업으로 삼으며 무려 26년에 걸쳐 완성한 작품입니다. 바그너는 26년을 바쳤는데 연주시간이 16시간에 달한다고 불평할 수는 없겠죠.

'반지'라는 이름으로 흔히 불리는 이 작품은 바그너가 음악과 대본을 직접 썼습니다. 작품은 4부로 이뤄져 있고 크게 3가지 세계를 다룹니다. 신들의 세계, 니벨룽족의 세계, 인간의 세계가 그것인데요. 각각 보탄, 난쟁이 니벨룽족, 지그프리트를 중심으로 이야기를 풀어갑니다. 신들의 세계가 몰락한 이후 인간의 세계가 새롭게 열리는 과정에서 반지를 둘러싼 인간의 여러 가지 모습을 묘사합니다.

100명이 넘는 관현악, 장대한 성악 파트, 큰 규모의 무대 연출, 최소 4일 정도 걸리는 연주시간 등으로 선뜻 연주하기 어려운 작품입

                    4부 입문자를 위한 클래식 명작 106

니다. 바그너는 〈니벨룽의 반지〉를 공개하기 위해 페스티벌을 구상했고 이 생각을 독일의 도시 바이로이트에서 실현시킵니다. 그는 세상을 떠났지만 여전히 바이로이트에서는 매년 7월 하순부터 8월에 걸쳐 바그너의 작품을 새롭게 올리고 있고 전 세계 애호가를 불러 모으고 있습니다. 실로 대단한 영향력이 아닐 수 없습니다.

저는 〈니벨룽의 반지〉의 일부 작품을 연주한 적이 있고 독일에서 전체 공연을 관람한 적도 몇 번 있습니다. 그러나 제가 이 작품을 완전히 이해하고 있다고 말하기는 힘들 것 같습니다. 그렇지만 대문호 괴테의 『파우스트』나 단테의 『신곡』이 그렇듯 언젠가 반드시 이해하고 싶은 작품이 하나쯤 있다는 것은 굉장히 멋진 일인 것 같습니다.

'The Ring of the Nibelung - Wagner (Long Trailer) - MET New York'
(Deutsche Grammophon - DG, 2012년 8월 7일)

'Der Ring des Nibelungen [Wagner's Ring cycle] - Barenboim / Kupfer'
(Warner Classics, 2013년 3월 1일)

❘ 훔퍼딩크 〈헨젤과 그레텔〉

제가 처음 독일에 유학을 갔을 때 지인으로부터 초대권을 받고 처음 접한 오페라가 바로 〈헨젤과 그레텔〉입니다. 저는 원래 오페라를 좋아하는 편이 아니었는데요. 엥겔베르트 훔퍼딩크(Engelbert Humperdinck, 1854~1921년)라는 생소한 작곡가의 이름과 더불어 〈헨젤과 그레텔〉이라는 이름 때문에 기대를 전혀 하지 않았습니다.

그런데 음악이 시작된 후 생각이 완전히 달라졌습니다. 스토리는 익숙한 동화의 내용이기 때문에 언어가 달라도 극을 따라가기가 수월했습니다. 놀란 것은 훔퍼딩크의 음악이었습니다. 아주 뛰어난 음악단체의 공연이 아니었음에도 각 장면마다 나오는 노래와 음악이 너무 훌륭했습니다. 처음부터 끝까지 무대에서도, 객석에서도 웃음이 떠나지 않았습니다.

특히 중간에 헨젤과 그레텔이 잠에 들기 전 '저녁기도'라는 노래를 부르는데요. 한 번 듣고 나면 평생을 듣게 될 명곡입니다. 독일에서는 크리스마스만 되면 이 곡이 아이들을 위해 곳곳에서 연주됩니다. '우리가 잠에 들 때 14명의 천사가 우리 곁에 온다'라는 가사와 황홀한 선율에 귀 기울여보세요.

참고로 훔퍼딩크는 바그너의 마지막 제자였습니다. 바그너의 그늘에 가려져 명성을 떨치지 못했지만, 독창적이고 아름다운 이 오페라를 남기면서 매년 빠지지 않고 자신의 작품이 세계 곳곳에서 연주되는 행운을 누리고 있습니다.

　　　　　　　　

'Abendsegen (Humperdinck Haensel + Gretel) Nikiteanu & Hartelius'(ooftfoc, 2011년 4월 24일)

클래식 듣는 맛

'Bielefelder Kinderchor - Abendsegen 1986'
(fritz5114, 2015년 3월 25일)

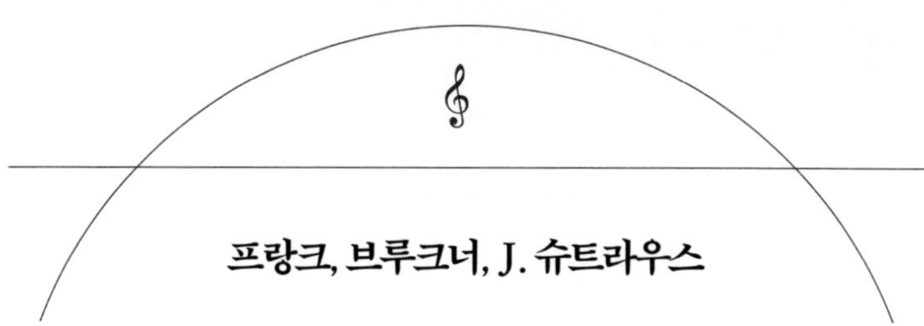

프랑크, 브루크너, J. 슈트라우스

▮ 프랑크 〈바이올린 소나타 A장조〉

19세기 중후반 프랑스 특유의 순수한 기악음악을 발전시키고 지켜낸 세자르 프랑크(César Franck, 1822~1890년). 그는 벨기에에 위치한 리에주라는 도시에서 태어났습니다. 우리가 살펴본 대부분의 작곡가가 그랬듯이 프랑크 역시 어려서부터 음악에 탁월한 재능을 보였습니다. 프랑크가 엄청난 음악가로 성장할 것을 기대한 아버지는 온 가족과 함께 짐을 꾸려 파리로 이주했고, 프랑크는 파리음악원에 들어가 공부하게 됩니다.

비록 아버지의 기대대로 유명한 피아니스트가 되지는 못했지만 파리를 중심으로 프랑크는 서서히 자신의 음악세계를 펼쳐나갔습니다. 1844년 프랑스 국적을 얻었고 30년간 생 클로틸드 성당의 오르가니스트로 활동하며 수많은 종교음악을 남겼습니다. 또 50세 때는 파리음악원의 오르간 교수로 임명되어 많은 제자를 가르치기도 했습니다.

이 무렵 프랑크는 주옥같은 기악곡을 많이 남겼는데요. 그가 남긴 〈현악4중주 D장조〉나 〈교향곡 D단조〉는 오늘날에도 자주 무대에 오르고 있으며 꼭 들어봐야 할 명곡입니다. 그런데 많은 곡을 제치고 프랑크의 대표곡을 하나만 꼽으라면 역시 〈프랑크 바이올린 소나타 A장조〉입니다. 이 작품은 1886년 뛰어난 바이올리니스트이자 고향 후배인 외젠 이자이의 결혼 선물로 작곡된 곡입니다. 이자이는 결혼식에서 이 곡을 직접 연주했고 이후로도 평생 이 곡과 함께했다고 합니다.

이 작품은 주제와 선율이 계속 전체 악장에 걸쳐서 순환하고 있기 때문에 각 악장만 떼어 들어도 아름답지만, 전체를 다 들었을 때 진짜 매력을 느낄 수 있습니다. 바이올리니스트에게 가장 사랑받는 소나타이며, 다른 악기 연주로도 편곡되어서 자주 연주되는 작품입니다. 프랑크의 음악세계를 가장 잘 느낄 수 있고 프랑스 특유의 낭만주의를 담고 있어 누가 들어도 감동적이고 아름다운 작품입니다.

브루크너 〈교향곡 제4번 E플랫장조〉

안톤 브루크너(Anton Bruckner, 1824~1896년)는 사람들과의 교류가 극히 적었고 세상의 여러 가지 일에 관심을 거두고 자연과 종교, 그리고 음악에 몰두하며 살아간 작곡가입니다. 오르간 연주자이자 교회음악의 대가였으며 음악적으로 베토벤, 슈베르트, 바그너의 영향을 많이 받았습니다. 나중에는 그들의 음악을 모두 접목해 자신만의 음악 스타일을 완성해나갔습니다.

〈교향곡 제4번 E플랫장조〉는 소위 '브루크너답다'는 표현에 걸맞는 첫 번째 교향곡이자 브루크너를 대표하는 교향곡입니다. 현악기 배경 위에 호른과 목관이 차례로 등장하고 그가 자주 사용한 '브루크너 리듬(4분음표 2개와 셋잇단음표로 구성)'이 등장합니다. 브루크너 리듬과 더불어 동이 트는 것처럼 느껴지는 장대한 시작을 '브루크너 개시'라고 부르기도 합니다.

많은 평론가가 브루크너를 바그너의 추종자라며 깎아내리기도 하지만 브루크너는 자신만의 색깔을 확실히 갖춘 작곡가였습니다. 그런 면모를 〈교향곡 제4번 E플랫장조〉에서 느낄 수 있습니다. 자신이 직접 작품에 '낭만적(Romantische)'이라는 이름을 붙였기 때문에 표제음악이나 사랑 이야기라고 생각할 수 있지만 오히려 철저히 절대음악에 가깝다고 볼 수 있습니다. 음악이 자연을 닮아 있고 독일 후기 낭만주의의 음악적 어법이 다수 포함되어 있어 그가 붙인 '낭만적'이라는 이름은 듣는 사람에게 수많은 상상력을 불러일으킵니다.

'Bruckner, Symphony Nr 4 Es Dur 'Romantische' Claudio Abbado, Wiener Philharmoniker'(Ahmed Barod, 2012년 12월 3일)

'Bruckner: 4. Sinfonie (Fassung 1878/80) · hr-Sinfonieorchester · Eliahu Inbal'(hr-Sinfonieorchester – Frankfurt Radio Symphony, 2016년 12월 8일)

▍브루크너 〈교향곡 제7번 E장조〉

브루크너의 교향곡 중 가장 인기가 많고 유명한 교향곡입니다. 당시에도 〈교향곡 제7번 E장조〉는 큰 성공을 거두게 되는데요. 이때 브루크너의 나이는 60세였습니다. 뒤늦게 성공을 거둔 브루크너는 계속해서 교향곡을 써나갈 수 있었고 이전에 쓴 교향곡들 역시 재조명을 받습니다.

이 작품은 2악장에 대한 이야기를 빼놓을 수 없습니다. 바그너가 세상을 떠날 무렵 그의 제자기도 했던 브루크너는 2악장을 '바그너를 위한 애가'로 구상했습니다. 그는 2악장을 쓰던 중 친구에게 편지로 "머지않아 그분이 돌아가실 거라는 생각이 내 머리를 스쳤을 때 아다지오의 단조 주제가 떠올랐다"라고 말했습니다. 게다가 바그너가 반지 시리즈에서 애용한 악기 '바그너 튜바'로 그 주제가 울리기 때문에 더욱 바그너를 떠올리게 합니다. 판본에 따라 차이가 조금 있는데요. 대부분의 연주에서 2악장은 아주 천천히 고지를 향해서 가다가 중후반부에 딱 한 번 심벌즈가 울리면서 곡의 정점을 나타냅니다.

앞서 말한 브루크너 음악의 특징이 더욱 진하고 무겁게 드러나 있어 '브루크너 음악이 대체 어떤 거야?'라고 했을 때 가장 먼저 추천할 수 있는 곡입니다. 1악장에서 장대하게 펼쳐진 세상은 바그너의 죽음을 애도하는 2악장으로 연결됩니다. 독특한 리듬 위에 여러 악기의 특징이 강하고 힘차게 드러나는 3악장을 거쳐서 4악장에 다다르면 브루크너가 생각하는 음악과 세상이 모두 통합됩니다. 빠르지도 느리지도 않은 템포 속에서 음악은 끊임없이 꿈틀거리며 상승하는데요. 마지막 종결부에서는 브루크너가 그리는 어떤 찬란한 세상에 도착하는 느낌이 듭니다.

'A. Bruckner - Symphony No. 7 - Lucerne Festival Orchestra - Claudio Abbado'
(Bohemian Brass, 2012년 12월 5일)

'Anton Bruckner: Sinfonie Nr. 7 mit Günter Wand (1999) | NDR
Elbphilharmonie Orchester'(NDR Klassik, 2022년 1월 26일)

▌ J. 슈트라우스 2세 〈아름답고 푸른 도나우〉

왈츠를 단 한곡만 선택해야 한다면 저는 언제나 요한 슈트라우스 2세(Johann Strauss II, 1825~1899년)의 〈아름답고 푸른 도나우(Op.314)〉를 듣습니다. 빈 필하모닉 신년음악회에서 〈라데츠키 행진곡(Op.228)〉과 함께 항상 마지막에 빠지지 않고 연주됩니다. 음악을 들어보면 배를 타고 강을 따라가듯 도나우강의 물살과 연안의 아름다운 풍경이 눈에 그려집니다. 그리고 강이 품고 있는 오스트리아 빈의 다채로운 모습과 오랜 역사도 음악과 함께 다가옵니다.

'도나우'라는 이름은 독일어인데요. 영어권에서는 '다뉴브'라고 부릅니다. 도나우강은 독일 남부에서 발원하여 루마니아까지 이어지는 무려 2,860km에 이르는 유럽에서 두 번째로 긴 강입니다.

이 작품은 전쟁 속에서 태어났습니다. 1866년 오스트리아는 프로이센과의 전쟁에서 패배했고 국민은 실의에 빠졌습니다. 이 우울감

을 달래기 위해 빈의 남성 합창단은 밝은 곡을 공연하기로 했고, 당
시 이미 오스트리아 최고의 작곡가였던 슈트라우스가 작곡을 맡았
습니다. 1867년에 초연이 이뤄졌고 이후 슈트라우스가 관현악곡으
로 편곡하면서 더욱 인기를 얻게 됩니다.

〈아름답고 푸른 도나우〉는 빈이라는 도시를 대표하기도, 왈츠라
는 장르를 대표하기도 합니다. 이 작품으로 슈트라우스는 '왈츠의
왕'이라는 호칭을 얻게 됩니다. 〈라데츠키 행진곡〉의 작곡가이자 '왈
츠의 아버지'로 불린 요한 슈트라우스 1세는 아들이 음악의 길을 걷
는 데 극심하게 반대했다고 합니다. 그럼에도 그의 아들은 결국 역
사상 가장 위대한 왈츠 작곡가가 되었습니다.

'Johann Strauss - An der schönen blauen Donau, Waltz

(Vienna Philharmonic Orchestra, Zubin Mehta)'

(EuroArtsChannel, 2015년 9월 16일)

브람스, 생상스, 비제

브람스 〈교향곡 제4번 E단조〉

브람스가 만년에 남긴 세 작품을 차례로 소개하려고 합니다. 첫 번째는 브람스가 1885년에 자신의 지휘로 직접 초연한 〈교향곡 제4번 E단조(Op.98)〉입니다. 제가 클래식 애호가로서 가장 처음 사랑에 빠진 작품이자 수도 없이 들었던 교향곡이기도 합니다.

베토벤이 남긴 9개의 교향곡은 이후 모든 작곡가에게 넘기 힘든 큰 산이자 기준점이 되어버렸습니다. 그래서인지 브람스는 자신의 첫 번째 교향곡을 작곡하기까지 무려 20여 년을 할애했습니다. 물론 그럼에도 브람스가 발표한 첫 번째 교향곡은 베토벤의 10번 교향곡이라 불렸고, 두 번째 교향곡은 베토벤의 '전원' 교향곡과 비교되었으며, 세 번째 교향곡은 베토벤의 '영웅' 교향곡과 비슷하다는 평을 받기도 했습니다.

그러나 브람스가 남긴 네 번째 교향곡만큼은 베토벤의 그늘에서 완전히 벗어난 모습입니다. 1악장은 서주나 예고 없이 바로 1주제로 진입하는데 그 선율이 아주 아름답습니다. 조심스럽게 진행되는 악기들 사이로 비춰지는 신비로운 화성은 브람스 만년의 원숙함이 묻어납니다. 2악장은 고대 교회의 프리지아 선법을 이용하는데 호른과 관악기의 연주가 현악기의 피치카토(현을 손가락으로 퉁겨 연주하는 주법) 위에 살포시 얹혀서 흘러갑니다. 이후 현악기가 이어받으며 따뜻한 주제를 연주합니다. 힘차고 리드미컬한 3악장이 끝나면 이 교향곡의 하이라이트라고 할 수 있는 4악장이 연주됩니다.

4악장은 파사칼리아 형식(하나의 선율을 저성부에서 반복하다 차츰 다른 성부에서도 차례로 변주하는 형식)으로 진행되는데요. 주제는 바흐의 칸타타 150번에서 가져왔습니다. 비교적 단순하게 보이는 이 주제는 무려 30번에 걸쳐 다채롭게 변주되고 종결부를 향해갑니다. 마지막에 다다른 브람스의 마지막 교향곡은 그의 이전 교향곡이나 대부분의 베토벤 교향곡과 달리 비극적인 단조의 어두움을 그대로 간직한 채 끝이 납니다.

'Brahms Sinfonie Nr 4 in e-Moll op 98 Carlos Kleiber Bayerische Rundfunk'(Sonorum Concentus Romantic Era, 2023년 1월 18일)

'Johannes Brahms - Sinfonie Nr. 4 e-moll op. 98 | Semyon Bychkov | WDR Sinfonieorchester'(WDR Klassik, 2020년 9월 10일)

▍브람스 〈클라리넷 5중주 B단조〉

저도 어렸을 때는 사실 클라리넷을 배우고 싶었습니다. 작은 동네인 탓에 선생님을 찾지 못해 플루트를 시작하게 되었죠. 클라리넷의 음색은 여전히 저에게 특별하게 다가옵니다. 앞서 브람스의 마지막 교향곡을 소개했는데요. 더 나올 것이 있을까 싶지만 브람스는 리하르트 뮐펠트라는 훌륭한 클라리넷 주자를 알게 되면서 클라리넷을 위한 곡 4개를 연달아 쓰게 됩니다. 그중 하나가 〈클라리넷 5중주 B단조(Op.115)〉입니다.

무려 40분에 달하는 이 5중주곡은 모차르트가 쓴 클라리넷 1대와 현악 4중주를 위한 그 5중주와 정확히 같은 편성입니다. 클라리넷 주자에게 이 2곡은 가장 중요하고 소중한 작품입니다. 모차르트의 〈모차르트 클라리넷 5중주 A장조(K.581)〉는 클라리넷의 밝은 면모를 많이 보여준 반면, 브람스는 클라리넷의 애수 어린 음색을 아주 잘 살

려내고 있습니다.

음악을 들어보면 모든 부분을 기억하고 싶을 만큼 아름답기 그지 없습니다. 만년의 브람스가 마치 인생 전체를 회고하면서 이런저런 생각을 꺼내놓는 그런 느낌을 줍니다. 이런 음악이라면 40분의 시간이 절대 길게 느껴지지 않습니다. 곡이 끝나고 나면 다른 팀의 연주로 다시 한번 듣고 싶어집니다. 다행히도 훌륭한 연주자의 녹음과 연주가 많이 남겨져 있습니다.

'BRAHMS - Clarinet Quintet Op. 115 - Ébène String Quartet & Damien Bachmann'(Beyond Groove Productions, 2019년 1월 23일)

Gil Shaham | Johannes Brahms: Klarinettenquintett op. 115 | SWR Classic'(Klassik | SWR Kultur, 2018년 4월 15일)

❙ 브람스 〈인터메조(Op.118-2)〉

브람스의 서정성을 가장 잘 나타내는 명곡입니다. 브람스는 59세가 되던 1892년부터 소품곡을 집중적으로 작곡했습니다. 그가 평생을 사랑하면서도 끝내 이루지 못한 클라라에 대한 사랑을 떠올리게 하는 작품입니다.

　　　　　　　　　　　　　4부 입문자를 위한 클래식 명작 106

짧은 소품이지만 촘촘하게 꽉 메워진 선율과 화성이 귀를 사로잡습니다. 명곡은 몇 가지 단어로 표현하기가 참 힘듭니다. 저는 항상 이 곡을 들으면 행복하면서도 슬프고, 슬프면서도 아름다움을 느낍니다. 곁에 두고 가끔 꺼내 들으면 당시의 분위기와 상황에 따라 적절하게 음악이 변화합니다. 이런 점 때문에 여러 영화, 드라마, 다큐멘터리, 광고 등에 등장하기도 하죠.

이 곡은 무엇보다 직접 연주하는 피아니스트에게 가장 사랑받는 곡이기도 합니다. 덕분에 우리는 이 시대의 거의 모든 훌륭한 피아니스트의 연주로 이 곡을 감상할 수 있습니다. 같은 악보를 가지고 연주자에 따라 얼마나 다채롭게 음악이 변할 수 있는지 느낄 수 있습니다.

'Brahms: 6 Piano Pieces, Op. 118 - II. Intermezzo, Andante teneramente'
(Grigory Sokolov, 2020년 4월 30일)

▎생상스 〈동물의 사육제〉

카미유 생상스(Camille Saens, 1835~1921년)의 〈동물의 사육제〉는 너무 무겁고 진지한 곡만 많이 들었다 싶을 때 마음과 귀를 편하게 쉬어갈 수 있는 작품입니다. 여러 예술가가 부러워할 정도의 재능을 가졌던 생상스는 많은 분야에서 걸작을 남겼는데요. 〈생상스 교향곡 제3번 C단조(Op.78)〉 '오르간', 오페라 〈삼손과 데릴라(Op.47)〉 등 수많은 대표작이 있지만 저는 이상하게도 〈동물의 사육제〉를 가장 좋아합니다.

생상스는 〈동물의 사육제〉가 이벤트성 음악이고 풍자와 해학적이라는 이유로 공개적으로 연주하는 것을 금지시켰습니다. 유일하게 첼로로 연주하는 '백조'만 출판을 허락하고 연주가 가능했다고 하는데요. 전곡 출판은 생상스가 세상을 떠난 이후 이뤄졌습니다. 이 모음곡이 만들어진 1886년은 〈생상스 교향곡 제3번 C단조〉 '오르간' 교향곡이 작곡된 해이기도 합니다. 그렇게 엄숙하고 위대한 교향곡을 작곡하면서 이토록 익살스럽고 어린아이의 천진난만한 시선을 담은 음악을 동시에 작곡했다는 게 대단하게 느껴집니다.

'두 대의 피아노, 두 대의 바이올린, 비올라, 첼로, 더블베이스, 플루트, 클라리넷, 하모니움, 실로폰, 첼레스타를 위한 동물학적 환상곡'이라는 부제에서 알 수 있듯이 아주 큰 규모는 아니지만 음악을 표현하기 위한 최고 효율의 편성을 가지고 있습니다. 수탉과 암탉, 당나귀, 거북이, 수족관, 큰 새장, 백조, 화석 등 이름만 들어도 흥미롭습니다. 모든 음악이 시종일관 상상력을 자극하고 제목과 찰떡같이 어울립니다. 한 번도 안 들어본 사람은 있어도 한 번만 들은 사람은 없다는 말이 딱 들어맞는 작품이에요.

'Yuja Wang & David Fung: Saint-Saëns Carnival of the Animals [HD]'

(Peter Chen 2.0, 2021년 10월 27일)

'Camille Saint-Saëns - Carnival of the Animals 4K'

(Classical Relaxation 4K, 2022년 5월 22일)

▌생상스 〈교향곡 제3번 C단조〉

이 작품을 실제로 경험하고 나면 '오르간' 교향곡이라는 제목만 봐도 가슴이 떨립니다. 생상스는 모차르트와 멘델스존에 비견될 정도의 천재였고 당대 최고의 오르가니스트였습니다. 17세 때 이미 파리의 성 메리 교회의 오르가니스트로 활동했고, 파리 최고의 자리라고 할 수 있는 마들렌 교회에서 무려 20년간 오르가니스트로 일했습니다. 리스트는 생상스의 오르간 연주를 듣고 "세상에서 가장 훌륭한 오르가니스트"라고 극찬하기도 했죠.

오르간의 사운드와 악기의 특성을 누구보다 잘 이해하고 있는 생상스가 내놓은 이 작품은 오르간이라는 악기와 관현악이 함께 어우러지며 전에 없던 엄청난 에너지와 아우라를 내뿜습니다. 곡 전체는 화려한 색채로 가득하고 곳곳에서 종교적인 경건함도 느낄 수 있습니다. 전통적인 형식 안에서도 새로운 소리와 번뜩이는 아이디어로 가득합니다.

생상스 스스로 "나는 이 작품에 내가 할 수 있는 모든 것을 부여했다. 내가 여기에서 성취한 것은 나 자신도 결코 다시는 이루지 못할 것이다"라고 했을 정도로 자타공인 최고의 걸작입니다.

좋은 영상이 많지만 제 경험상 이 작품만큼은 꼭 현장에서 들어야 진짜 매력을 느낄 수 있습니다. 기회가 된다면 공연장에서 커다란 공간에서 울리는 따뜻하면서도 압도적인 오르간과 관현악 사운드가 선사하는 황홀감을 느껴보세요.

'Saint-Saëns: 3. Sinfonie (»Orgelsinfonie«) · hr-Sinfonieorchester · Iveta Apkalna · Riccardo Minasi'(hr-Sinfonieorchester – Frankfurt Radio Symphony, 2020년 3월 5일)

'Saint-Saëns - Symphony No 3 in C minor, Op 78 - Järvi' (Classical Vault 1, 2013년 11월 20일)

▌ 비제 〈카르멘〉

조르쥬 비제(Georges Bizet, 1838~1875년)의 〈카르멘〉은 전 세계에서 가장 많이 공연되는 3개의 오페라 중 하나입니다. 〈라 트라비아타〉〈라 보엠〉과 더불어 독일 오페라도 아닌 이 프랑스 오페라가 전 세계적 사랑을 받는 데는 이유가 있습니다.

어린 비제는 작곡가로서 받을 수 있는 최고의 상을 모두 거머쥐면서 혜성처럼 작곡계에 등장했습니다. 1863년 오페라 〈진주조개잡이〉를 발표하면서 이름을 알렸고 활동을 이어나갔지만 이후 번번이 실패하거나 눈에 띄는 성과를 내지 못했습니다. 세상은 그의 진가를 알아보지 못했습니다. 동시대에 바그너와 베르디라는 큰 산이 존재했던 것도 이유일 것입니다.

비제는 절치부심 다시 한번 오페라를 작곡하는데요. 그 작품이 〈카르멘〉입니다. 1875년 3월 3월 파리의 오페라 코미크 극장에서 이 작품의 초연이 있었습니다. 그러나 〈카르멘〉조차 질타와 맹비난을 받으며 4막이 끝날 때쯤 거의 모든 관객이 극장을 떠나났다고 합니다. 자신의 모든 것을 쏟아부은 작품이 실패하자 비제는 낙담하고 좌절합니다. 직접적 요인은 아닐지 몰라도 큰 충격을 받은 비제는 이로부터 3개월 후 세상을 떠나고 맙니다.

죽기 전의 계약으로 인해 〈카르멘〉은 음악의 중심지 오스트리아 빈에서 다시 한번 공연됩니다. 그리고 이 공연이 대성공을 거둡니다. 일반 서민의 희노애락을 담은 이 위대한 오페라는 이후 전 세계로 뻗어나가며 오늘날까지 우리 곁에 숨 쉬고 있습니다. 비제가 이 모습을 본다면 얼마나 기뻐했을까요.

'Carmen: "L'amour est un oiseau rebelle" (Elina Garanca)'
(Metropolitan Opera, 2014년 9월 4일)

'Carmen - Habanera (Bizet; Anna Caterina Antonacci,
The Royal Opera)'(Royal Opera House, 2013년 12월 13일)

'Carmen: "L'amour est un oiseau rebelle" (Elina Garanca)'

무소륵스키, 차이콥스키

▌무소륵스키 〈전람회의 그림〉

모데스트 무소륵스키(Modest Mussorgsky, 1839~1881년)는 흔히 러시아 5인조라 불리는 5명 중에 한 사람입니다. 그는 러시아 색채를 가득 담은 독창적인 음악을 아주 높은 수준으로 완성시켰고, 그의 작품은 러시아에 그치지 않고 전 유럽에 큰 영향을 끼쳤습니다.

〈전람회의 그림〉은 교향시 〈민둥산의 하룻밤〉, 오페라 〈보리스 고두노프〉와 더불어 그의 대표작 가운데 하나로 손꼽히고 있습니다.

1873년은 무소륵스키가 큰 충격을 받은 해인데요. 바로 화가이자 친한 친구였던 빅토르 하르트만이 세상을 떠났기 때문입니다. 그를 추모하는 전시가 열렸고, 무소륵스키는 그 전시에서 10여 개의 작품을 보고 그 감상을 음악으로 옮깁니다. 그것이 바로 〈전람회의 그림〉입니다.

10개의 작품을 음악의 언어로 입체적으로 묘사하고 있으며, 곡의 시작과 작품 사이사이 '프롬나드(Promenade)'를 배치하고 있습니다. 프롬나드는 '산책'을 뜻하는 말로 전시회장에 들어서서 작품과 작품 사이를 이동하는 관람객의 느릿한 발걸음을 나타냅니다. 이 프롬나드는 나올 때마다 느낌이 달라지는데 같은 주제지만 상당히 변화무쌍해서 이것만 해도 듣는 재미가 쏠쏠합니다. 각각의 그림을 묘사하는 음악은 그야말로 탁월하고 천재적입니다.

처음엔 피아노곡으로 작곡되었지만 나중에 프랑스의 작곡가 라벨이 관현악으로 편곡하면서 지금은 라벨의 버전이 더 유명해졌습니다. 그렇다고 피아노곡으로 들었을 때의 매력이 덜하지는 않습니다. 친구의 죽음에 크게 상심했지만 슬퍼하기보다는 그가 남긴 작품을 위대한 음악으로 바꾼 무소륵스키가 새삼 대단하다는 생각이 듭니다.

'Mussorgsky Pictures at an Exhibition Mikhail Pletnev'

(nnamffohsaile, 2011년 1월 7일)

4부 입문자를 위한 클래식 명작 106

❙ 차이콥스키 〈피아노 협주곡 1번 B플랫단조〉

클래식을 잘 몰라서 유명한 DVD를 무작정 들어보던 시절이 있었습니다. 그때 처음으로 표트르 차이콥스키(Pyotr Tchaikovsky, 1840~1893년)의 〈피아노 협주곡 1번 B플랫단조(Op. 23)〉를 접했습니다. 1988년에 예프게니 키신이 지휘자 헤르베르트 폰 카라얀과 함께 한 연주였습니다. 매 순간 놀라운 아이디어로 가득한 이 음악은 당시 10분이 넘는 긴 음악을 잘 듣지 않던 저에게 전곡 감상이라는 뿌듯함을 선물해주었습니다.

1874년 차이콥스키는 러시아의 거장 피아니스트 니콜라이 루빈시테인을 모스크바 음악원으로 초대했습니다. 바로 피아노 협주곡 1번을 선보이기 위해서였습니다. 이때 기대와 설렘으로 가득 차 있었던 차이콥스키는 루빈시테인에게 엄청난 혹평을 듣습니다. 루빈시테인은 연주를 위해서 곡의 몇 부분을 고치기를 원했지만 감정이 상한 차이콥스키는 수정 요구를 받아들이지 않습니다.

독일의 지휘자이자 피아니스트인 한스 폰 뷜로우는 이 곡을 아주 마음에 들어 했습니다. 급기야 그는 직접 이 작품을 1875년 10월 보스턴에서 초연했고 대성공을 거둡니다. 차이콥스키는 당초 루빈시테인에게 헌정하려 했던 계획을 바꿔 한스 폰 뷜로우에게 이 곡을 헌정합니다.

사실 이 에피소드는 지금 보면 오히려 잘된 일처럼 보입니다. 루빈시테인은 나중에는 이 작품의 가치를 인정하고 차이콥스키에게 사과했으며, 차이콥스키는 몇몇 부분을 수정해서 작품을 더욱 발전시켜 개정판을 내놓게 됩니다.

'Evgeny Kissin - Tchaikovsky Piano Concerto No. 1 Op. 23
in Bb Minor'(Amadeus Mozart, 2020년 6월 16일)

▮ 차이콥스키 〈호두까기 인형〉

'크리스마스나 연말에 듣기 좋은 클래식'을 떠올려볼까요? 수백 년의 클래식 음악사에서 압도적인 위치를 차지하고 있는 몇몇 작품이 있습니다. 그중 하나가 차이콥스키의 발레곡 〈호두까기 인형(Op.71)〉입니다. 이 밖에 베토벤의 〈교향곡 9번 D단조〉 '합창', 훔퍼딩크의 〈헨젤과 그레텔〉, 바흐의 〈크리스마스 오라토리오〉 정도가 떠오르네요.

<호두까기 인형>은 흔히 차이콥스키의 '3대 발레'라 불리는 3가지 작품 중 하나입니다. <백조의 호수(Op.20)>와 <잠자는 숲속의 공주(Op.66)>에 비해 스토리도 간단하고 규모도 작지만 연주 횟수는 압도적으로 많습니다. 그만큼 많은 사람에게 아주 친근하게 다가오는 곡입니다. 당시 러시아에서는 완전히 생소한 악기였던 첼레스타의 음색을 가장 멋지게 살린 곡이기도 하죠. 저는 '꽃의 왈츠(Waltz of the Flowers)'와 '파드되(Pas de Deux)'는 들어도 들어도 새롭고 조금도 질리지가 않더라고요.

차이콥스키는 50세가 되던 해인 1890년에 마린스키 극장으로부터 이 작품을 위촉받았습니다. <호두까기 인형>은 호프만의 동화에 기반한 이해하기 쉬운 스토리를 갖고 있으며, 마린스키 극장의 수석 안무가인 마리우스 프티파와 차석 안무가인 레프 이바노프가 발레로 구성했습니다. 이야기가 크리스마스를 배경으로 하고 있는 만큼 초연 또한 1892년 12월에 이뤄졌습니다. 초연 당시 발레는 준비가 미흡해 좋은 평가를 받지 못했지만 차이콥스키의 음악만은 찬사를 받았습니다.

작품은 15곡으로 이뤄져 있는데요. <호두까기 인형>을 작곡하던 중에 러시아 음악협회로부터 작곡 의뢰를 받은 차이콥스키가 그중 8곡을 추려 모음곡으로 발표했으며 이 버전이 지금도 여러 콘서트에서 자주 연주되고 있습니다. 한 곡씩 개별적으로도 여러 연주회에서 연주되고 있을 만큼 반짝이는 곡들로 가득합니다. 전체를 들어보는 게 가장 좋지만 제가 추천한 두 곡을 먼저 들어보세요.

‘P. Tchaikovsky - Pas de Deux (‘The Nutcracker’)’

(thiagoblanco, 2011년 4월 17일)

‘Tchaikovsky : Waltz of the Flowers - Daniel Barenboim’

(irie1948, 2013년 4월 12일)

▎차이콥스키 〈교향곡 제6번 B단조〉

듣고 나면 유독 여운이 짙게 남는 곡이 있습니다. 〈교향곡 제6번 B단조(Op.74)〉 ‘비창’이 그렇죠. 1889년 차이콥스키는 자신의 동생 모데스트에게 쓴 편지에서 자신의 창작 활동을 마무리할 장중한 교향곡을 쓸 것이라 밝혔습니다. 1892년 여행 중에는 머릿속으로 ‘비창’이라는 표제와 악상을 떠올리며 몇 번이나 펑펑 울었다는 편지를 동생에게 전하기도 합니다. 그러나 여러 이유로 창작이 미뤄졌고 본격적으로 작곡에 착수한 것은 1893년 2월입니다.

차이콥스키가 사람의 마음을 움직이는 선율을 만들어내는 능력은 역사상 최고라고 할 수 있습니다. 이 교향곡은 그에 더해 형식미까지 완벽합니다. 균형 잡힌 관현악법 위에서 울려 퍼지는 주제가 눈

부시게 아름답습니다. 작곡가는 당시 운명에 대한 절망감, 죽음에 대한 두려움 등 여러 비통한 감정에 휩싸여 있었습니다. 우리는 그 모든 감정을 음악으로 생생하게 만날 수 있습니다.

1893년 10월 28일 상트페테르부르크에서 차이콥스키가 직접 지휘를 맡아 성공적으로 초연이 이뤄졌습니다. 그로부터 9일 뒤, 위대한 음악가 차이콥스키는 세상을 떠납니다. 그의 죽음에 대해서는 콜레라부터 자살설까지 의견이 분분합니다. 무엇이 사실인지는 알 수 없으나 '비창'을 뜯어보면 차이콥스키가 자신의 죽음을 염두에 두고 있었음을 여러 곳에서 알 수 있습니다. 그러나 비통함과 죽음의 그림자만이 이 작품의 모든 것은 절대 아닙니다. 작품 곳곳에는 젊은 청년의 열정, 삶과 인간에 대한 사랑도 깃들어 있죠. 여러 논란을 품고 있지만 모든 것을 뒤로 하고 음악을 온전히 그대로 마주했을 때 차이콥스키 음악의 진가를 느낄 수 있습니다.

'Tschaikowsky: 6. Sinfonie (»Pathétique«) · hr-Sinfonieorchester · Lionel Bringuier'(hr-Sinfonieorchester – Frankfurt Radio Symphony, 2013년 11월 18일)

'Tschaikowsky: Sinfonie Nr. 6 | Alan Gilbert | NDR Elbphilharmonie Orchester'(NDR Klassik, 2023년 4월 21일)

▌드보르자크 〈현을 위한 세레나데〉

1875년은 안토닌 드보르자크(Antonín Dvořák, 1841~1904년)에게 아주 풍요로운 한 해였습니다. 1874년 드보르자크는 아이가 생긴 것을 알고 걱정으로 가득했습니다. 예술가로서 가난한 생활을 해왔기 때문이죠. 그러던 중 드보르자크는 젊고 재능 있는 예술가를 위한 오스트리아 정부의 지원금을 받기 위해 작품 15편을 출품했고 당당히 선정되었습니다. 당시 심사위원으로는 작곡가 브람스와 음악평

론가 한슬릭과 같은 빈 음악계의 인물들이 있었기 때문에 경제적 지원뿐만 아니라 음악적으로도 인정을 받은 셈입니다.

이런 기분을 반영하듯 드보르자크는 교향곡, 현악 4중주, 오페라 등 수많은 작품들을 쏟아냅니다. 그중 가장 인기가 많고 아름다운 곡이 〈현을 위한 세레나데(Op.22)〉입니다. 저는 오직 현악기만으로 이뤄진 드보르자크의 작품을 좋아하는데요. 그의 현악 4중주 작품들 또한 아주 훌륭합니다. 작품 전체가 드보르자크 특유의 아름답고 매혹적은 선율로 가득합니다.

모두에게 익숙하고 가장 많은 사랑을 받은 2악장 왈츠도 물론 좋지만 1악장과 4악장을 꼭 들었으면 합니다. 1악장을 들어보면 현악기 그룹이 모이고 헤어질 때마다 기분 좋은 악상이 만들어지고 다채로운 화성 위에 섬세한 선율들이 날아다니는 느낌이 듭니다. 4악장은 마치 드보르자크의 개인적인 감사기도를 듣는 듯합니다. 드보르자크의 인생에 드디어 한 줄기 빛이 비췄음을, 감사하고 편안한 마음을 갖게 되었음을 알 수 있습니다.

‘Serenade for Strings | Dvořák | Netherlands Chamber Orchestra | Concertgebouw’(Nederlands Philharmonisch Orkest | Nederlands Kamerorkest, 2016년 12월 1일)

‘Dvořák: Serenade E-Dur · Paavo Järvi & Tonhalle-Orchester Zürich’ (Tonhalle-Orchester Zürich, 2022년 12월 28일)

"나는 드보르자크의 첼로 협주곡이 낭만음악이라는 넓은 정원에서
가장 사랑스러운 꽃이라 생각한다."

영국의 첼리스트 줄리어스 해리슨의 이 말에 저도 깊이 공감합니
다. 드보르자크의 〈첼로 협주곡 B단조(Op.104)〉는 첼로가 독주 악기
로는 부족하다는 편견을 경험과 실력으로 깨버린 그의 최고 명작입
니다.

드보르자크가 미국에 건너가서 쓴 〈교향곡 제9번 E단조(Op.95)〉
'신세계로부터', 〈현악4중주 12번(Op.96)〉 '아메리카' 또한 그렇지만
이 작품을 들어보면 새로운 세상에서 받은 영감과 고향에 대한 그리
움이 한데 어우러진 느낌을 줍니다. 그만큼 짙은 감정과 풍부한 표
현들로 가득합니다. 또한 교향곡을 방불케 하는 낭만적인 대규모 관
현악을 사용하면서도 첼로라는 악기가 가진 모든 테크닉과 매력을
남김없이 끌어내고 있습니다.

"이런 첼로 협주곡을 인간이 쓸 수 있다는 것을 왜 생각하지 못했을
까? 알았다면 나는 벌써 오래전에 첼로 협주곡을 썼을 텐데."

이 곡을 듣고 감탄한 브람스가 한 이야기입니다. 젊은 드보르자크

에게 기회를 주고 꾸준히 지원했던 브람스 또한 뿌듯하고 자랑스러워한 것 같습니다.

이 작품은 당연하게도 첼리스트들의 주요 레퍼토리가 되었습니다. 그렇지만 대규모 오케스트라가 필요하고, 또 첼리스트에게 엄청난 기량이 요구되는 만큼 훌륭하게 연주하기 매우 어려운 작품입니다. 다행히 위대한 첼리스트들의 명연주와 명반이 가득합니다. 그렇지만 이 작품은 현장에서 들었을 때 다가오는 느낌이 상당히 달라서 기회가 있다면 꼭 공연장에서 듣기를 권합니다.

'Jacqueline du Pré - Dvořák Cello Concerto -
London Symphony Orchestra cond. Daniel Barenboim'
(blue8348, 2017년 10월 25일)

'Dvořák - Concerto in B minor Op. 104 / Mstislav Rostropovich'
(Inaldo Nascimento, 2013년 12월 4일)

▌ 그리그 〈페르귄트 모음곡〉

노르웨이의 위대한 예술가 2인의 협업은 클래식 음악사에 길이 남을 명작을 남깁니다. 한 명은 극작가 헨리크 입센이고 또 다른 한 명은 에드바르드 그리그(Edvard Grieg, 1843~1907년)입니다. 입센은

1867년 『페르귄트』를 썼는데 당초 계획에는 없었지만 이 작품을 무대에 올리게 되면서 31세의 그리그에게 직접 작곡을 부탁합니다. 그리그는 여러 이유로 처음에는 거절하려 했지만 노르웨이를 대표하는 예술가 입센의 부탁을 결국 받아들여 작곡에 임합니다.

전주곡, 행진곡, 춤곡, 독창곡, 합창곡을 포함해 모두 23개의 음악을 썼고 원래 편성은 피아노 듀엣이었습니다. 입센의 예상대로 그리그의 음악을 등에 업은 초연은 의미 있는 성공을 거뒀고, 이후 공연이 될 때마다 조금씩 작품을 수정하고 가다듬었습니다. 또한 그리그는 전체 곡 중 4곡을 선별해서 극의 내용과는 관계없이 음악적으로 순서를 배열해 모음곡 1번을 내놓습니다. 그리고 관현악 버전으로도 편곡하는데 큰 인기를 얻으면서 지금은 관현악곡으로 인식되고 있습니다. 이후 또 다른 4개의 곡을 추려 모음곡 2번을 발표했습니다. 1번에 비해 유명도는 떨어지지만 하나같이 훌륭한 음악입니다.

저는 다들 그렇듯이 '아침의 기분' '오제의 죽음' '솔베이그의 노래'를 가장 좋아합니다. 소박하게 느껴질 수 있는 음악이지만 그리그의 천부적인 재능이 흠뻑 담겨 있으며 마음을 울리는 선율이 들을수록 아름답습니다.

'Edvard Grieg - Peer Gynt Suite No 2, op. 55'

(PlaceInSpace, 2011년 8월 29일)

림스키코르사코프, 포레, 야나체크, 엘가

▌림스키코르사코프 〈셰에라자드〉

이번에 소개할 작품은 러시아 5인조 중 한 명인 니콜라이 림스키코르사코프(Nikolai Rimskii-Korsakov, 1844~1908년)의 〈셰에라자드(Op.35)〉입니다. 림스키코르사코프는 러시아 특유의 색채와 선율을 담은 음악을 만들어내고자 했으며 그의 음악은 스트라빈스키, 프로코피예프 등 후대 러시아 작곡가들에게 지대한 영향을 미쳤습니다.

해군 장교로서 바다를 누비며 전 세계를 여행하고 문학에도 조예가 깊었던 림스키코르사코프는 작곡 인생의 정점이라고 평가받는 1888년 초 〈셰에라자드〉라는 작품의 첫걸음을 뗍니다. 이 곡은 '아라비안나이트' 또는 '천일야화'라고 불리는 설화집으로부터 아이디어를 가져왔는데요. 내용은 이렇습니다. 샤리아르왕은 이전 왕비의 부정으로 여성을 증오하게 되면서 여인과 잠자리를 한 후에는 즉각 처형하는 난폭한 습성이 있었습니다. 새로운 왕비가 된 셰에라자드는 지혜를 발휘해 밤마다 왕에게 여러 설화와 전설을 들려주기 시작합니다. 그녀의 이야기가 너무 흥미진진하고 재밌는 나머지 왕은 그녀를 죽일 수 없게 됩니다. 셰에라자드는 죽음을 피하기 위해 무려 1001일 동안 이야기를 이어갑니다.

〈셰에라자드〉는 듣는 사람의 무한한 상상력을 야기합니다. 1악장은 '바다와 신밧드의 배', 2악장은 '칼렌다 왕자의 이야기', 3악장은 '젊은 왕자와 공주' 4악장은 '바그다드의 축제'입니다. 천재 작곡가 림스키코르사코프의 관현악 기법은 찬란하고 훌륭합니다. 곡 전체가 신비롭고 동양적이며 이야기 속 풍경과 인물을 관현악의 풍부한 음향과 색깔로 사실적으로 묘사합니다.

'Rimski-Korsakov : Shéhérazade

(Orchestre national de France / Emmanuel Krivine)'

(France Musique concerts, 2018년 5월 3일)

‘파반느’는 16세기 이탈리아에서 발생한 2박자 계열의 우아한 궁정 무곡으로 ‘파도바풍의 느린 춤곡’이라는 뜻을 가지고 있습니다. 파반느는 대체로 차분하게 흘러가는 흐름 안에서 묵직한 애수가 느껴지는데요. 16세기 말에 없어졌다고 여겨진 무곡이지만 깊은 매력으로 인해 가브리엘 포레(Gabriel Faure, 1845~1924년), 라벨과 같은 작곡가에 의해 다시 주목을 받게 됩니다.

포레는 드뷔시보다 앞서 현대 프랑스 음악의 기초를 탄탄하게 닦은 작곡가입니다. 포레는 1887년 〈파반느(Op.50)〉라는 작은 소품을 피아노곡으로 작곡했고 이후 오케스트라 버전으로 편곡했습니다. 심지어 나중에는 포레의 후원자였던 백작 부인의 요청으로 합창이 추가되기도 했습니다. 몇몇 음반이나 영상에서 합창이 추가된 버전을 들을 수 있는데요. 음악이 합창과 묘하게 잘 어울립니다. 현재는 주로 관현악곡으로 연주되고 있습니다.

관현악 버전을 들어보면 현악기의 피치카토 위에 부드러운 음색의 목관악기들이 차례로 등장합니다. 특히 플루트는 다른 곡과 달리 저음역대가 많이 쓰이는데요. 플루트가 밝고 날카로운 음색이라는 인상과는 전혀 다르게 부드러운 울림을 가진 다소 어두운 인상으로 비춰집니다. 플루트는 이후에도 곡 전체를 주도적으로 이끄는데 악기 본연의 여러 음색을 즐길 수 있습니다. 합창이 들어간 음악과 관현악으로만 이뤄진 음악을 비교해서 들어보세요.

'Fauré : Pavane (Martina Batic / Choeur de Radio France)'

(France Musique concerts, 2021년 9월 29일)

'Fauré: Pavane / Rattle · Berliner Philharmoniker'

(Berliner Philharmoniker, 2013년 11월 20일)

▍야나체크 〈신포니에타〉

'택시 라디오에서는 FM방송의 클래식 음악이 흘러나오고 있었다. 곡은 야나체크의 〈신포니에타〉. 정체에 말려든 택시 안에서 듣기에 어울리는 음악이랄 수는 없었다.'

무라카미 하루키의 소설 『1Q84』의 한 대목입니다. 레오시 야나체크(Leos Janacek, 1854~1928년)의 〈신포니에타(Op.60)〉는 하루키의 소설에 여러 번 등장하면서 대중에게 많이 알려지게 된 곡입니다. 하루키에 의해 갑자기 많은 관심을 받은 것은 사실이지만 하루키가 아니더라도 알려질 수밖에 없었을 명작이라 생각합니다.

체코를 대표하는 작곡가 야나체크는 소콜 체전의 위촉을 받아 〈신

  4부 입문자를 위한 클래식 명작 106

포니에타〉작곡했습니다. '소콜'은 체코의 국민 스포츠였고 독립에 대한 체코 국민의 염원을 나타내는 상징이었습니다. 음악의 첫머리와 마지막 부분에서 거대한 팡파르가 울리는데 무려 25명의 금관악기 연주자가 함께 합니다. '승리'와 '환희'가 느껴지는 이 팡파르가 이 작품을 대표하는데요. 악장들 사이의 섬세하고 오묘한 음악 또한 매우 훌륭합니다.

1악장 '팡파르', 2악장 '성', 3악장 '여왕의 수도원', 4악장 '거리', 5악장 '시청사'와 같이 야나체크는 브르노라는 체코의 도시 이미지를 따서 괄호 안에 제목을 붙였습니다. 이 이름을 떠올리면서 곡을 들으면 음악을 이해하기가 수월합니다. 야나체크는 드보르자크, 스메타나와 마찬가지로 체코를 대표하는 작곡가지만 음악을 들어보면 러시아 음악의 색깔 또한 비춰집니다. 그래서 그의 음악은 선배 작곡가와 확실히 구분되는 개성을 가지고 있습니다.

'Leoš Janáček - Sinfonietta op. 60 | Semyon Bychkov | WDR Sinfonieorchester'(WDR Klassik, 2022년 8월 8일)

'Leoš Janáček - Sinfonietta (1926)'
(miljkmi, 2012년 3월 15일)

엘가는 헨델과 퍼셀 이후 주목할 만한 작곡가가 딱히 나오지 않았던 영국 음악계에 혜성처럼 등장한 작곡가입니다. 1919년 60세를 넘긴 나이에 엘가는 최고 걸작인 〈엘가 첼로 협주곡 E단조〉를 발표합니다. 당시는 제1차 세계대전이 끝나갈 무렵이었기 때문에 전쟁에 지친 영국 국민을 위로할 목적도 있었을 것으로 보입니다. 〈사랑의 인사(Op.12)〉 〈위풍당당행진곡(Op.39)〉 등으로 엘가는 이미 국민적인 작곡가였고 이전에 다른 협주곡을 성공시킨 경험도 있었습니다.

〈엘가 첼로 협주곡 E단조〉는 두터운 관현악 사운드를 가지고 있으며 4악장으로 이뤄져 마치 교향곡처럼 느껴지기도 합니다. 그리고 곡 전체에 통일성을 부여해 기본적으로 순환하고 있습니다. 무엇보다 첼로의 울림이 묵직하게 울려 퍼지는 도입부가 인상적인데요. 이 도입부의 멜로디는 엘가가 1918년 편도선제거 수술 후 의식을 회복하자마자 연필과 종이를 달라고 해서 적어나간 것이라고 합니다.

런던 심포니가 맡았던 초연은 여러 이유로 큰 성공을 거두지 못했지만 시간이 지나며 점차 사람들에게 인정받기 시작했습니다. 이 곡을 이야기할 때 빠지지 않는 인물이 하나 있는데 바로 영국 출신의 첼리스트 자클린 뒤 프레입니다. 뒤 프레는 어린 나이에 존 바비롤리와 이 작품을 녹음하는데요. 그야말로 압도적인 완성도를 보여줌

니다. 그녀의 재능과 모든 기량을 녹여낸 이 앨범은 이후 그녀의 명
함처럼 여겨집니다.

'Elgar Cello Concerto / Jacqueline Du Pré / Sir John Barbirolli, LSO
(ASD 655) 1965'(cgoroo, 2018년 2월 8일)

'Elgar: Cello Concerto - Bergen Philharmonic Orchestra and Truls Mørk
- Live concert HD'(AVROTROS Klassiek, 2017년 2월 24일)

푸치니, 말러

푸치니 〈라 보엠〉

베르디 이후 이탈리아의 국민적인 오페라 작곡가로 떠오른 자코모 푸치니(Giacomo Puccini, 1858~1924년)의 대표작입니다. 1893년 〈마농 레스코〉를 성공시킨 푸치니는 작가 앙리 뮈르제의 소설 『보헤미안들의 인생풍경』을 원작으로 오페라를 작곡합니다. 푸치니는 스스로 젊은 예술가로서 엄청난 가난을 겪은 적이 있기에 이 체험담을 대본에 녹여내고 싶었습니다. 여러 차례 수정을 거쳐 완성한 〈라 보엠〉

의 대본과 음악은 아주 사실적이면서도 생생한 느낌을 전해줍니다.

1896년 토리노 레지오 극장에서 푸치니가 신뢰한 지휘자 아르투로 토스카니니에 의해 초연이 이뤄집니다. 초연은 그리 성공적이지 못했다고 합니다. 그러나 모두가 알다시피 사람들은 차차 이 작품에 공감하게 되었고, 지금은 크리스마스 무렵만 되면 전 세계 오페라 극장에서 공연되는 최고의 인기작입니다.

오페라를 보고 있으면 누구든 파리의 낡은 아파트에 살고 있는 가난한 젊은 예술가에게 공감하게 되고, 미미의 죽음에 같이 훌쩍이며 슬퍼하게 됩니다. 가난한 삶 속에서 기쁨과 슬픔을 경험하며 성장하는 젊은이들의 이야기가 마음을 울립니다. 이 모든 것은 대본도 훌륭하지만 푸치니의 엄청난 음악이 힘을 발휘하기 때문입니다. 〈라 보엠〉은 오페라 입문작으로도 많이 듣게 되는데요. 그 이유는 4개의 막에 걸쳐 등장하는 훌륭한 아리아들 덕분입니다. '그대의 찬 손' '내 이름은 미미' '오 사랑스런 아가씨' '내가 거리를 걸으면' '낡은 외투여' 등 어느 것 하나 놓칠 수 없습니다.

'La Boheme - Freni, Pavarotti - G. Puccini - OPERA COMPLETA - FULL OPERA'(Opera Lovers, 2020년 2월 20일)

┃ 푸치니 〈투란도트〉

"이제까지의 내 오페라는 다 버려도 좋다."

〈투란도트〉를 작곡하며 푸치니가 한 말입니다. 이 정도의 자신감을 내비칠 정도로 〈투란도트〉에 애착을 가졌던 푸치니는 3막 마지막 2중창 작곡에 난항을 겪다가 건강이 악화되면서 결국 작품을 완성하지 못하고 세상을 떠납니다. 미완성의 피날레는 지금까지도 논란이 아주 많은데요. 푸치니의 제자인 프랑코 알파노가 완성한 엔딩으로 이뤄진 초연에서 지휘자 토스카니니가 잠시 지휘봉을 내려놓고 "마에스트로가 작곡한 것은 이 부분까지입니다"라고 말한 후 연주를 이어간 일화는 유명하죠. 이후 알파노의 엔딩이 다시 수정되어 2판이 나왔고 현재는 대부분 이 엔딩을 사용하고 있습니다. 최근에는 이탈리아의 작곡가 루치아노 베리오가 작곡한 엔딩이 쓰이기도 합니다.

〈라 보엠〉 이후에도 〈토스카〉 〈나비 부인〉 〈일 트리티코〉 등 푸치니는 굵직한 명작을 쏟아냈습니다. 그런 오페라의 거장이 마지막 순간까지 혼신의 힘을 다해 써내려간 마지막 작품이 〈투란도트〉입니다. 1920년 푸치니는 자신과 함께한 2명의 이탈리아 대본가 주세페 아다미, 레나토 시모니와 의기투합해 카를로 고치의 『투란도트』를 오페라화하기로 합니다.

고대 전설시대 중국에서 펼쳐진 가상의 이야기를 배경으로 삼고 있다는 점에서 푸치니에게는 새로운 도전이었고 모험이기도 했습니다. 음악을 들어보면 곡 전체의 분위기가 매우 신비롭고 역시나 푸치니답게 귀에 꽂히는 선율미가 가득합니다. 또한 관현악 사운드가 아주 대단한데요. 혹자는 푸치니가 바그너의 〈트리스탄과 이졸데〉 〈파르지팔〉과 같은 작품을 참고했다고 말하기도 합니다. 어찌되었든 푸치니의 자신감대로 〈투란도트〉는 이탈리아 오페라 특유의 성악적 아름다움과 극도로 황홀한 오케스트라의 음향이 주는 감동이 함께 있는 명작이라 평가받습니다.

'Turandot Completo... En La Ciudad Prohibida De Beijing
(Sub Esp Zubin Mehta Y Zhang Yimou, 1999)'
(Lida, 2015년 12월 19일)

'Puccini: Turandot'
(Dombó Production, 2019년 2월 7일)

▎ 말러 〈교향곡 제4번 G장조〉

아마도 제가 가장 많이 연주한 오케스트라 곡이 구스타프 말러 (Gustav Mahler, 1860~1911년)의 〈교향곡 제4번 G장조〉가 아닐까 싶습니다. 보통 4개의 플루트가 필요해서이기도 하지만 파트에 관계없이 제가 항상 기회가 생길 때마다 꼭 연주를 해왔기 때문인데요. 애호가로서 〈브람스 교향곡 제4번 E단조〉가 첫사랑이라면 연주자로서는 〈말러 교향곡 제4번 G장조〉가 첫사랑이라 할 수 있습니다. 이 곡을 연주했을 때의 설렘과 감동은 시간이 지나도 옅어지지 않고 오히려 짙어졌습니다.

말러의 교향곡에는 '뿔피리 3부작'이라 불리는 곡들이 있는데요. 이는 〈교향곡 제2번 C단조〉〈교향곡 제3번 D단조〉〈교향곡 제4번 G장조〉를 말합니다. 말러가 작곡한 〈어린이의 이상한 뿔피리〉의 곡이 각각의 교향곡에 사용되었기 때문인데요. 말러는 〈어린이의 이상한 뿔피리〉를 통해 스스로 추구했던 어린아이의 순진함과 단순함의 아름다움을 음악적으로 실현했습니다. 이러한 말러의 목표가 〈교향곡 제4번 G장조〉에서 가장 잘 나타나고 있습니다.

말러는 〈어린이의 이상한 뿔피리〉 중 '천상의 삶'을 사용해 7악장으로 작곡하려 했다가 이를 4악장으로 완성했습니다. '천상의 삶'은 어린이의 시선으로 바라보는 천국을 그리고 있습니다. 이 4악장을 기반으로 말러는 1~3악장을 구축했습니다. 1~3악장은 이 4악장을 위한 준비 과정이라고 볼 수 있습니다. 그래서 곡 전체가 하나로 전달되는 느낌이 아주 강합니다.

말러의 복잡함과 거대한 스케일을 좋아하는 분에게는 이 교향곡이 다소 단순하고 소박하게 느껴질 수 있겠지만 저에게는 가장 말러

답게 느껴지는 작품입니다. 3악장의 담백한 아름다움과 끝부분에서
하프 소리와 함께 천국으로 이어지는 느낌의 연결은 언제 들어도 참
일품입니다.

'Mahler - Symphony No 4 - Abbado'
(Classical Vault 1, 2014년 3월 2일)

'Mahler: Sinfonie Nr. 4 G-Dur (2020) | Alan Gilbert |
Anna Prohaska | NDR Elbphilharmonie Orchester'
(NDR Klassik, 2022년 9월 23일)

말러 〈죽은 아이를 그리는 노래〉

프리드리히 뤼케르트라는 시인이 있습니다. 1833년 뤼케르트는
사랑하는 아들과 딸이 성홍열에 걸려 세상을 떠나는 아픔을 겪는데
요. 남매를 잃은 슬픔과 고통이 너무나 컸던 뤼케르트는 6개월 동
안 하루에 3~4편의 시를 써서 아이들을 추모합니다. 그렇게 쌓인 시
는 무려 400편이 넘었고, 1872년 뤼케르트의 아들 하인리히가 네 부
분으로 편집해서 출판합니다. 말러는 이 중 2부와 4부에 있는 5개의
시에 음악을 붙여서 연가곡 〈죽은 아이를 그리는 노래〉를 완성했습

니다.

말러는 오랫동안 독신으로 지내다 1902년 알마 쉰들러와 결혼하고 그해 사랑스런 딸 마리아를 얻습니다. 이 시기에 말러는 뤼케르트의 시를 만났습니다. 가장 행복했던 시기에 뤼케르트의 시를 접한 말러는 큰 감명을 받았고 같은 제목으로 작곡을 시작합니다. 한창 말러의 창작이 불이 붙은 시기였기 때문에 〈죽은 아이를 그리는 노래〉는 1904년에 완성되어 1905년 빈에서 발표됩니다. 노래는 바리톤 프리드리히 바이데만이 불렀습니다.

음악의 힘은 그야말로 대단합니다. 어떻게 보면 인간으로서 느낄 수 있는 가장 고통스럽고 슬픈 감정이 아이를 잃은 감정이겠죠. 그 절망적인 한 인간의 감정이 음악 안에 그대로 담겨 있습니다. 음악과 함께 뤼케르트의 시를 따라가면 모든 멜로디와 화성이 가사와 아주 절묘하게 부합합니다.

이 슬프지만 아름다운 음악을 발표한 후 1907년 말러는 자신이 그토록 사랑하던 딸 마리아를 잃게 됩니다. 말러는 마리아의 죽음이 자신이 쓴 작품 때문일지 모른다는 자책감에 시달렸습니다. 이후 말러는 지독하게 죽음에 대해 집착합니다. 그 시작이 되는 작품이 바로 〈죽은 아이를 그리는 노래〉입니다.

'Mahler: Kindertotenlieder mit Brigitte Fassbaender & Klaus Tennstedt |
NDR Elbphilharmonie Orchester'(NDR Klassik, 2021년 5월 21일)

'Peter Mattei - Kindertotenlieder'

(willow 77, 2021년 6월 17일)

▌말러 〈교향곡 제9번 D장조〉

〈말러 교향곡 제9번 D장조〉를 이야기할 때는 언제나 '죽음'이라는 단어가 따라오죠. 말러는 〈대지의 노래〉가 교향곡임을 인정하고도 9번 교향곡이라는 이름을 붙이지 않았습니다. 베토벤을 비롯한 여러 작곡가가 9번 교향곡을 마지막으로 세상을 떠났기 때문입니다. 〈대지의 노래〉를 쓰고도 살아남아 결국 〈교향곡 제9번 D장조〉를 작곡하지만 이윽고 영면에 들면서, 말러는 이 말도 안 되는 믿음을 스스로 증명하게 됩니다(10번 교향곡 작업에 착수하지만 작곡 도중 세상을 떠납니다).

가끔 어떤 곡을 듣다 보면 음악이 엄청난 건축물처럼 느껴질 때가 있습니다. 저에게는 〈말러 교향곡 제9번 D장조〉가 그렇습니다. 도대체 어떻게 쌓아올린 건지 가늠조차 되지 않는 느낌이랄까요. 제가 다 이해할 수는 없지만 느껴지는 묵직한 에너지가 압도적입니다. 기존의 교향곡이 지닌 형식과 기법을 이 교향곡에서는 거의 찾아보기 힘듭니다. 음악사 전체적으로 보면 음악의 완성이라기보다는 새로운 세상을 여는 곡처럼 느껴지기도 합니다.

황홀한 음악이 이어지다 1시간 30여 분쯤 되면 마지막 4악장에서 〈죽은 아이를 그리는 노래〉 중 4번째 노래인 '나는 아이들이 잠시 외출했다고 생각한다'가 불현듯이 등장합니다. 이 곡은 〈죽은 아이를 그리는 노래〉 중 가장 밝고 따뜻하고 아늑한 느낌을 주는 곡이죠. 마치 아이를 위로하는, 또는 아이에게 위로받는 느낌이 듭니다. '죽음'이라는 무거운 단어로 설명되는 곡이지만 마지막에 와서는 고통과 절망이 아닌 밝고 긍정적인 인상을 가지고 소리가 서서히 잦아듭니다.

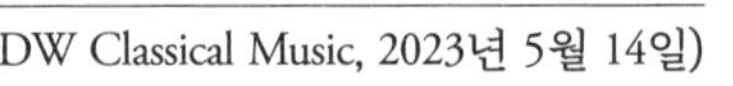

'Mahler: Symphony No. 9 | Semyon Bychkov and the Czech Philharmonic (full symphony)'

(DW Classical Music, 2023년 5월 14일)

드뷔시, R. 슈트라우스

▍드뷔시 〈달빛〉

이번에 소개할 작품은 드뷔시의 〈달빛〉입니다. 곡명만 들어도 설레는 작품이죠. 드뷔시는 시대의 가교 역할을 담당하며 자신만의 스타일을 구축한 프랑스 작곡가입니다. 그의 음악은 직관적이고 감각적으로 우리에게 곧바로 전달됩니다. 전달되는 감정이나 표현은 언어로 규정하기가 꽤 힘든데요. 그것이 드뷔시 음악의 본질이라 할 수 있습니다.

〈달빛〉이 명곡임을 이해하기까지 단 몇 마디면 충분합니다. 심플한 몇 개의 음과 리듬만으로 우리의 마음을 단번에 사로잡습니다. 독특한 화성과 낯선 리듬이지만 우리가 달빛을 대하는 여러 가지 감정이 음악 안에 투명하게 담깁니다.

〈달빛〉은 1890년 드뷔시가 작곡한 〈베르가마스크 모음곡〉 중 3번째 곡으로 시인 폴 베를렌의 '달빛'이라는 시에서 영감을 받아 음악적으로 표현한 작품입니다. 시에는 '고요한 달빛, 슬프고 아름다운 빛'이라는 구절이 있습니다. 음악은 눈에 보이지 않는 소리로 이뤄졌지만 드뷔시의 〈달빛〉을 들으면 내가 생각하는 고요하고 슬프고 아름다운 달빛이 눈앞에 선하게 펼쳐집니다.

저는 항상 수많은 사람에게 사랑받는 작품이 있다면 그럴 만한 이유가 있다고 생각합니다. 드뷔시는 왕성한 작품 활동을 했고 그중에는 대규모의 관현악곡, 합창곡, 오페라 등도 있습니다. 그럼에도 이 소박하고 작은 〈달빛〉이라는 곡이 많은 사람에게 사랑받는 데는 이유가 있겠죠.

'Claude Debussy "Clair de lune" by Angela Hewitt'

(CBC Music, 2012년 2월 12일)

▌드뷔시 〈바다〉

드뷔시의 작품세계는 넓지만 〈바다〉를 추천하지 않고 넘어가는 것은 어려운 일입니다. 시시각각 변하는 바다의 모습을 소리로 담아낸 변화무쌍함과 어떤 주제에도 얽매이지 않고 자유롭게 돌아다니는 음악의 자유로움, 그리고 오케스트라로 즐길 수 있는 음향과 색채의 풍요로움까지 갖춘 작품입니다.

〈바다〉는 드뷔시가 기량이 원숙할 때 남긴 작품입니다. 1905년 부인을 떠나 돈 많은 유부녀 엠마와 사랑에 빠져 섬으로 도피했을 때 쓴 작품입니다. 파도, 바람, 냄새 그리고 그 모든 바다에 대한 인상을 소리로 바꿔놓았습니다.

1악장은 '바다 위의 새벽부터 정오까지'로써 새벽에 황금빛 해가 떠올라 바다를 천천히 붉은빛으로 물들이는 장엄한 모습을 나타냅니다. 2악장은 '파도의 희롱'으로 오묘한 바다의 분위기와 변화무쌍한 파도의 모습을 관현악 사운드로 고스란히 담았습니다. 3악장은 '바람과 바다의 대화'인데요. 바람과 바다를 상징하는 커다란 2개의 에너지가 강렬하게 오르락내리락하며 어우러집니다.

이 곡은 또 제가 현대음악을 전혀 듣지 않고 싫어하던 시절에 새로운 취향에 눈을 뜨게 해준 '마법의 문'과 같은 곡입니다. 저에게 예상을 벗어나 자유롭게 흘러가도 이렇게 아름다운 음악이 될 수 있다는 것을 알게 해준 작품입니다.

▌R. 슈트라우스 〈영웅의 생애〉

리하르트 슈트라우스(Richard Strauss, 1864~1949년)는 독일의 후기 낭만파를 완성한 인물 중 한 명일 뿐 아니라 관현악법의 대가로 교향시 분야에서 최고의 업적을 남긴 음악계의 영웅이라 할 수 있습니다.

〈영웅의 생애(Op.40)〉라는 제목에서 '영웅'은 슈트라우스 본인을 이야기합니다. 이 부분은 작품 속 5부에서 자신의 대표곡을 인용한 점을 보면 명백합니다. 물론 한 인터뷰에서 자신을 칭하는 것이 아니라고 말한 적이 있지만, 스스로를 '영웅'이라고 부르는 일에 대한 사람들의 조소를 잠시 피해가려 한 것 같습니다.

만일 어떤 한 인물에 대해 '남이 쓴 위인전'과 '본인이 쓴 자서전'이 있다면 여러분은 어떤 책을 집어 들겠어요? 당연히 '본인이 직접 쓴 자서전'이겠죠. 〈영웅의 생애〉는 34세의 슈트라우스가 자신의 인생을 돌이켜보며 쓴 자서전과 같습니다. 물론 곡 안에서는 칼과 방패를 들고 전장에 나가 적과 맞서 싸우는 기사의 모습이 영웅적으로 그려지지만, 여러 고난과 역경을 딛고 위대한 예술가의 삶을 살아간 슈트라우스의 삶이 그와 많이 다르지는 않습니다.

작품은 6개 부분으로 나뉩니다. 차례대로 '영웅' '영웅의 적들' '영웅의 동반자' '영웅의 전장' '영웅의 업적' '영웅의 은퇴와 완성'입니다. 작품 전체를 들어보면 영웅의 화려한 일대기부터 사랑에 대한 모든 감정을 가득 담고 있습니다. 그렇기에 모든 연주자가 이 곡을 연주하기를 바라고, 모든 지휘자가 이 작품을 지휘하고 싶어 하는 것이겠죠.

특히 〈영웅의 생애〉에서 가장 중요한 역할을 맡고 있는 두 악기가 있는데요. 영웅을 상징하는 호른과 연인을 상징하는 바이올린입니다. 두 악기는 작품을 관통하며 계속 등장하는데, 마지막 부분에서 서로를 위로하고 다독이며 대화하는 느낌의 장면이 아주 감동적입니다.

‘Strauss “Ein Heldenleben”, op. 40 – Mariss Jansons’

(tvratte, 2013년 12월 16일)

R. 슈트라우스 〈알프스 교향곡〉

슈트라우스는 바이마르, 뮌헨, 빈 등 당대 가장 중요한 악단의 지휘자로서 활약했습니다. 작곡가로도 일찍이 인정을 받았는데요. 1988년 그가 22세 때 쓴 〈돈 후안(Op.20)〉은 말러가 인정할 정도였습니다. 그렇게 왕성한 활동을 하던 슈트라우스는 1908년 뮌헨의 서남쪽 60km쯤에 있는 가르미슈 파르텐키르헨에 자신의 산장을 짓습니다. 알프스의 봉우리가 훤히 보이는 곳으로 슈트라우스는 지휘 활동을 하지 않을 때면 이곳을 찾아 작곡에 몰두했습니다. 슈트라우스가 가장 사랑했던 이 공간에서 1915년에 완성시킨 대작이 바로 〈알프스 교향곡(Op.64)〉입니다.

'등산'이라 하면 예쁜 풍경과 맑은 공기가 연상될지 모르지만 알프스 산맥 중 하나를 오르내린다 하면 이야기는 조금 다릅니다. 슈트라우스는 어린 시절 등산 중에 길을 잃고 날이 어두워져서 12시간 동안 산속을 헤맨 경험이 있었습니다. 알프스는 인간에게는 가장 아름다우면서도 어쩌면 가장 위험한 장소일지도 모릅니다. 이 곡은 그 아름다움과 알프스의 거대하고 압도적인 모습을 아주 세심한 터치로 담아냈습니다.

전통적인 악장 구분이 없고 곡의 규모가 엄청나기 때문에 아무런 정보 없이 작품을 듣는 것보다는 전체 개요를 먼저 알고 감상할 것을 권합니다. 작품은 크게 5개 부분으로 이뤄져 있습니다. 출발부터 정상에 오른 후 하산하는 장면까지의 여정을 담고 있는데요. 세부적으로는 22개의 장면이 이어집니다. 각각의 장면에는 '밤' '폭포에서' '장관' '빙하에서' '위험한 순간' '정상에서' '하산' '일몰' 등의 제목이 붙어 있습니다. 이를 알고 들으면 마치 거대한 블록버스터 영화를 한 편 보는 것처럼 느껴집니다. 이에 더해 순간순간을 묘사하는 장면 속에서 슈트라우스의 믿을 수 없을 만큼 찬란한 관현악의 마법을 감상할 수 있습니다.

'Strauss: Eine Alpensinfonie · hr-Sinfonieorchester ·

Andrés Orozco-Estrada'(hr-Sinfonieorchester –

Frankfurt Radio Symphony, 2016년 10월 25일)

'Strauss: Eine Alpensinfonie | Alan Gilbert | NDR Elbphilharmonie

Orchester'(NDR Klassik, 2022년 10월 14일)

❚ R. 슈트라우스 〈4개의 마지막 노래〉

리하르트 슈트라우스 하면 교향시, 오페라도 유명하지만 그는 평생 가곡을 써온 가곡 작곡가이기도 합니다. 슈트라우스의 〈4개의 마지막 노래(Op.27)〉에는 모든 것을 통달한 사람에게서 나오는 아우라가 느껴집니다. 노년의 슈트라우스는 제2차 세계대전의 영향 아래

놓여 있었습니다. 부유한 삶은 무너져내렸고 질병과 불안에 시달렸습니다. 이는 다른 예술가 또한 다르지 않았습니다.

1894년 슈트라우스는 사랑하는 사람을 만나 결혼했고 소프라노인 아내 파울리네를 위해 결혼 선물로 4개의 노래를 작곡했습니다. '내일'의 가사를 보면 당시 슈트라우스가 얼마나 사랑과 행복으로 가득했는지 알 수 있죠. 그로부터 50년이 지나 슈트라우스는 19세기의 위대한 시인 아이헨도르프의 시 '저녁놀에'를 접하는데요. 자신과 파울리네와의 삶을 돌아보는 계기가 되면서 큰 감동을 받아 이 시에 음악을 붙이기로 합니다. 더불어 지인으로부터 받은 헤르만 헤세의 시집에서도 영감을 받아 음악을 붙이기로 합니다. 그렇게 해서 '봄' '9월' '잠들기 전에' '저녁놀에'까지 〈4개의 마지막 노래〉가 완성됩니다.

초연은 런던의 로열 앨버트 홀에서 빌헬름 푸르트뱅글러의 지휘와 키르스텐 플라그슈타트의 노래로 진행됩니다. 그러나 슈트라우스 본인은 안타깝게도 이 곡의 초연을 듣지 못하고 세상을 떠납니다. 위대한 예술가가 또 다른 위대한 대문호에게 감동을 받아 탄생한 이 가곡들은 슈트라우스의 음악 인생 전체를 돌아보는 듯한 느낌을 줍니다. 또한 4개의 곡이 내용적으로나 형식적으로나 유기성을 가지고 있어 연가곡처럼 들리기도 합니다. 헤르만 헤세는 이 음악을 듣고 이런 말을 남겼습니다.

"마치 슈트라우스의 모든 것과 같다. 비르투오즈, 정교함, 장인정신
의 아름다움으로 가득 차 있다. 하지만 중심은 없고 그 자체로 완성
이다."

'Renée Fleming: Richard Strauss -
Four Last Songs for Soprano and Orchestra (Lucerne 2004)'
(EuroArtsChannel, 2015년 10월 11일)

'Jessye Norman - R. Strauss: Vier letzte Lieder'
(VoiceVirtuoso, 2014년 8월 5일)

닐센, 시벨리우스

닐센 〈플루트 협주곡〉

작곡가, 지휘자 그리고 바이올리니스트였던 카를 닐센(Carl Nielsen, 1865~1931년)은 덴마크를 대표하는 음악가입니다. 닐센은 동갑내기인 핀란드 출신 작곡가 시벨리우스와 함께 북유럽을 대표하는 작곡가입니다.

닐센의 음악은 대체로 역동적인 에너지로 가득하고 자신만의 개성이 뚜렷합니다. 그는 평생에 걸쳐 교향곡, 오페라, 칸타타, 실내악

    4부 입문자를 위한 클래식 명작 106

그리고 대규모 관현악곡을 다수 내놓으면서 폭넓은 행보를 보였습니다. 닐센의 작품 중에서도 특별한 위치를 차지하는 것이 바로 3개의 협주곡입니다. 〈바이올린 협주곡〉은 멜로디가 뚜렷하고 유럽 전통의 협주곡에 가까운데 반해, 〈플루트 협주곡〉과 〈클라리넷 협주곡〉은 더욱 현대적이고 닐센의 색깔이 짙게 드러납니다.

두 악장으로 구성된 〈플루트 협주곡〉은 〈목관5중주〉를 초연한 코펜하겐 관악 5중주단의 멤버 플루티스트 홀거 길버트-예스페르센을 위해 작곡되었습니다. 이 곡에서 닐센은 전통적인 방법과는 대조적으로 짧은 시간에 장조와 단조의 화성을 자유롭게 넘나듭니다. 또 부드럽고 강인한 대조적인 분위기가 수시로 예상치 못하게 전환됩니다.

이 곡은 시원스럽고 리드미컬한 대규모 관현악 파트를 가지고 있는데요. 플루트 독주는 때로는 분명하고 날카롭지만 대체로 답답한 형식에서 벗어나 매우 자유로운 편입니다. 그렇기에 연주자의 기량과 해석에 따라 작품의 매력은 한층 더 살아나게 됩니다.

오늘날 플루티스트에게 있어 〈플루트 협주곡〉은 가장 중요한 레퍼토리로 자리 잡았으며, 이 곡은 플루트의 음색과 기교의 발전에도 많은 영향을 미쳤습니다. 현재 베를린 필하모닉 오케스트라의 수석을 맡고 있는 두 플루티스트의 연주로 들어보세요.

▎시벨리우스 〈교향곡 제2번 D장조〉

핀란드 작곡가 장 시벨리우스(Jean Sibelius, 1865~1957년)는 형식적으로는 독일 낭만파 음악의 영향을 많이 받기도 했지만 무엇보다 핀란드 민족음악의 특징을 작품에 진하게 담아냈습니다. 특히 북유럽 특유의 색채와 핀란드 국민의 정서와 아픔을 잘 이해한 음악으로 지금까지 많은 사랑을 받고 있습니다.

저는 유학 중에 시벨리우스의 〈교향곡 제2번 D장조(Op.43)〉를 접했는데요. 이후 어떤 오케스트라가 연주하든 꼭 들으러 갈 정도로 이 작품의 매력에 푹 빠졌습니다. 〈교향곡 제1번 E단조(OP.39)〉도 물론 훌륭하지만 두 번째 교향곡에서 시벨리우스 특유의 색채가 훨씬 더 선명하게 드러납니다. 따뜻하면서도 설렘이 느껴지는 1악장 도입부만 들어도 왜 이 작품이 '시벨리우스의 전원 교향곡'이라 불리는지 짐작됩니다. 이후로도 계속해서 신선하고 새로운 느낌이 들어서 크게 지루함이 느껴지지 않습니다. 무엇보다 제가 가장 좋아하는 부분이 있는데요. 3악장과 4악장이 끊어지지 않고 바로 이어서 연주되는데 4악장 첫머리에서 언제나 벅찬 감동을 느끼곤 합니다. 마치 엄청난 광채가 비추는 느낌의 현악기의 멜로디를 주의 깊게 들어보세요.

1899년 1번 교향곡을 성공적으로 발표한 시벨리우스는 1901년 후원자 악셀 카르펠란의 도움으로 이탈리아 제노바 근교의 라팔로라는 도시에서 머뭅니다. 헬싱키와 사뭇 다른 라팔로의 고즈넉한 자연 풍광에서 시벨리우스는 〈교향곡 제2번 D장조〉에 대한 영감을 많이 얻었습니다. 헬싱키와는 먼 곳에서 이 곡을 썼지만 작품에는 러시아의 지배를 받던 핀란드 국민의 울분과 독립과 승리에 대한 강한 열망이 가득 담겨 있습니다. 1902년 3월, 직접 헬싱키 필하모닉 오케스트라를 지휘해 이 작품은 초연되었고 대성공을 거뒀습니다. 그로부터 꽤 오랜 시간이 지났지만 여전히 핀란드 지휘자의 해석으로 이 곡을 들으면 큰 감동을 받게 됩니다.

'Sibelius: 2. Sinfonie · hr-Sinfonieorchester · Susanna Mälkki'(hr-Sinfonieorchester – Frankfurt Radio Symphony, 2019년 6월 4일)

'Jean Sibelius - Sinfonie Nr. 2 D-Dur op. 43 | Jukka-Pekka Saraste | WDR Sinfonieorchester'(WDR Klassik, 2020년 3월 26일)

시벨리우스 〈바이올린 협주곡 D단조〉

시벨리우스의 〈바이올린 협주곡 D단조(Op.47)〉는 바이올린 협주곡 분야에서 베토벤, 멘델스존, 브람스, 차이콥스키의 작품과 대등하게 자주 연주되고 있습니다. 20세기를 대표하는 협주곡으로 평가받는데요. 형식은 고전적이지만 온음계적인 불협화음을 사용해 어두우면서도 독특한 색깔과 분위기를 자아내고 있고, 무엇보다 사람의 마음을 파고드는 느낌의 아름다운 선율로 가득합니다.

〈교향곡 제2번 D장조〉가 큰 성공을 거두었음에도 시벨리우스는 〈바이올린 협주곡 D단조〉 작곡 당시 힘든 시간을 보내고 있었다고 합니다. 그의 가족은 경제적으로 어려움을 겪었고, 4년째 귀의 통증이 지속되어 베토벤처럼 청력을 잃을지도 모른다는 불안감을 안고 살았습니다. 이러한 내막을 알고 곡을 다시 들어면 짙게 깔려 있는 어두움과 절절한 바이올린의 포효가 이해되기도 합니다. 또 시벨리우스 본인이 스스로 바이올린 연주자였기에, 악기에 대한 깊은 이해를 바탕으로 작은 바이올린에서 꺼낼 수 있는 모든 기교와 울림이 이 곡을 통해서 뿜어져 나오고 있습니다.

1903년 착수해 1904년 2월에 발표했지만 초연은 실패했고 스스로도 곡에 대해 만족하지 못했습니다. 수정을 거듭해 1905년 개정판을 출판합니다. 이 개정판은 같은 해 10월 베를린에서 R. 슈트라우스의 지휘 아래 카렐 할리르의 바이올린 연주로 초연됩니다. 음악적으로 무겁고 장대하며 기술적으로도 엄청난 난이도의 곡이기 때문에 초연 이후 모든 바이올리니스트에게 이 곡은 하나의 도전이 되었습니다. 다행히 우리 시대에는 곡에 대한 깊은 이해와 탁월한 실력으로 이 곡을 멋지게 소화하는 연주자가 넘칩니다.

'Sibelius: Violinkonzert · hr-Sinfonieorchester ·

Augustin Hadelich · Andrés Orozco-Estrada'

(hr-Sinfonieorchester – Frankfurt Radio Symphony, 2021년 7월 6일)

'Sibelius : Concerto pour violon (Hilary Hahn)'

(France Musique concerts, 2019년 5월 15일)

사티, 라흐마니노프

▌ 사티 〈짐노페디〉

에릭 사티(Erik Satie, 1866~1925년)는 음악의 물줄기를 바꾼 작곡가입니다. 미요, 풀랑크를 비롯한 프랑스 6인조는 에릭 사티를 정신적 아버지로 생각했습니다. 군대에서 전역한 젊은 사티는 1887년 몽마르트르로 이사했습니다. 그는 생계를 위해 몽마르트르 언덕의 한 카페에서 피아노를 쳤는데요. 그때 시인 파트리스 콩테미뉘, 작곡가 클로드 드뷔시와 친분을 맺었다고 합니다. 드뷔시와 사티는 바그너

중심의 독일 낭만주의에 회의를 느끼고 자신만의 독창적인 음악을 만들었습니다.

1888년 사티는 귀스타브 플로베르의 소설 『살람보』와 파트리스 콩테미뉘의 시 '고대인'에서 영감을 얻고 〈짐노페디〉를 작곡합니다.

> 비스듬히 그림자를 자르고 명멸하는 회오리
> 밝게 빛나는 판석 위에 금빛으로 흘러넘치네
> 호박색 원자들이 서로를 불 속에 비추면서
> 짐노페디아와 사라방드를 뒤섞어 춤추네
>
> _'고대인' 중

에릭 사티는 미래의 음악 또는 미지의 음악을 추구하는 음악가였습니다. 당연하게도 당시 많은 작곡가나 클래식 애호가 사이에서 이상하고 이해할 수 없는 음악으로 치부되기도 합니다. 〈짐노페디〉를 비롯한 사티의 음악은 세월이 꽤 흐른 다음 인정받기 시작하는데요. 안타깝게도 이미 사티가 술에 빠져 건강을 해친 이후였습니다.

〈짐노페디〉는 뭐라 설명하기 힘든 곡입니다. 기쁘지도 슬프지도, 밝지도 어둡지도 않습니다. 연주하는 사람에 따라 그리고 듣는 사람에 따라 곡은 완전히 변화합니다. 드뷔시는 이런 〈짐노페디〉의 진가를 알아보는 작곡가였습니다. 그는 친구인 사티의 음악을 알리기 위해 직접 〈짐노페디〉의 1번과 3번을 관현악곡으로 편곡하기도 했는데 매우 아름답습니다. 오늘날 〈짐노페디〉와 사티의 음악은 아시다 시피 영화, 드라마, 광고 등에서 가장 많이 사용되는 클래식이자 뉴에이지 음악의 출발점이라 여겨지고 있습니다.

‘Khatia Buniatishvili - Erik Satie: Gymnopédie No.1’
(Khatia Buniatishvili official, 2020년 10월 16일)

‘Satie: Gymnopédies 1 & 3 (Orchesterfassung: Debussy) · hr-Sinfonieorchester · Alain Altinoglu’(hr-Sinfonieorchester – Frankfurt Radio Symphony, 2021년 2월 7일)

▮ 라흐마니노프 〈피아노 협주곡 제2번 C단조〉

10대 때부터 일찍이 재능을 발휘해 작곡을 시작한 세르게이 라흐마니노프(Sergei Rachmaninoff, 1873~1943년)는 교향곡, 협주곡, 실내악, 오페라 등 다양한 장르에서 여러 명작을 남겼습니다. 라흐마니노프는 특히 피아노 음악에서 탁월했는데요. 그가 훌륭한 피아니스트이기도 했기 때문입니다. 큰 손과 엄청난 힘과 기교를 가진 그는 피아노라는 악기가 가진 서정성과 기교적인 면을 모두 최고로 끌어올린 대작을 많이 남겼고, 그의 작품은 오늘날 위대한 유산으로 남아 있습니다.

1897년 라흐마니노프는 〈교향곡 제1번 D단조(Op.13)〉의 처참한 실패로 충격에 빠져 이로부터 3년간 작곡을 손에 놓고 실의에 빠져 지냅니다. 수소문 끝에 정신과 의사 니콜라이 달 박사를 만난 라흐마니노프는 꾸준한 치료로 기나긴 수렁에서 빠져나왔고, 〈피아노 협주곡 제2번 C단조(Op.18)〉를 쓰게 됩니다. 라흐마니노프는 이 곡으로 다시 한번 '글린카 상'을 수상했고, 니콜라이 달 박사에게 작품을 헌정했습니다.

우리는 흔히 '3대'라는 말을 붙이기 좋아합니다. 라흐마니노프의 〈피아노 협주곡 제2번 C단조〉는 차이콥스키의 〈피아노 협주곡 1번 B플랫단조〉 〈프로코피예프 피아노 협주곡 제3번 C장조(Op.26)〉와 함께 러시아 3대 피아노 협주곡으로 꼽힙니다. 그중에서도 라흐마니노프의 작품이 가장 많이 연주되고 있고 사랑받고 있습니다.

곡을 들어보면 '크렘린의 종소리'라는 별명을 가지고 있는 도입부부터 아름답습니다. 절절한 2악장, 화려한 3악장까지 어느 누구든 일단 곡을 들으면 음악 속으로 빠져들지 않을 수 없습니다.

'Rachmaninov Piano Concerto No 2, Evgeny Kissin HD'

(maigret09, 2017년 1월 11일)

라흐마니노프 〈교향곡 제2번 E단조〉

그간 라흐마니노프의 피아노 음악만이 주목을 받았지만 점점 그의 관현악 작품에 주목하는 음악가와 클래식 애호가가 늘어나고 있습니다. 〈교향곡 제2번 E단조(Op.27)〉가 대표적인데요. 〈교향곡 제3번 A단조(Op.44)〉도 상당히 좋아하지만 그의 교향곡을 들어보고 싶다면 〈라흐마니노프 교향곡 제2번 E단조〉부터 먼저 들어보길 권합니다. 장대한 드라마를 펼쳐내는 느낌의 1악장, 긴장감 넘치고 매력적인 2악장, 감미로우면서 치명적인 선율미의 3악장, 그리고 화려한 축제를 연상시키는 4악장까지. 라흐마니노프의 엄청난 음악들로 꽉 채워져 있습니다.

1906년 겨울부터 1909년 봄까지 지휘 활동으로 엄청난 일정을 소화하며 바쁘게 지내던 라흐마니노프는 바쁜 일상에서 벗어나기 위해 드레스덴에서 3년 정도 머물게 됩니다. 러시아 혁명으로 국내 정세가 불안한 이유도 있었지만 소음에서 벗어나 작곡에 몰두하고 싶었던 마음도 컸던 것 같습니다. 원하는 대로 드레스덴에 머물며 여러 곡을 발표했는데 그중 가장 대표적인 곡이 〈교향곡 제2번 E단조〉와 〈피아노 협주곡 제3번 D단조(Op.30)〉입니다.

첫 번째 교향곡에서 실패한 트라우마가 여전히 남아 있었던 라흐마니노프가 이를 극복하고 교향곡을 작곡했다는 것은 그 자신에게 엄청난 의미가 있습니다. 새로운 교향곡의 초연은 다행히 대성공을 거뒀고 라흐마니노프는 이 작품을 통해 차이콥스키를 잇는 러시아 대표 작곡가로 우뚝 서게 됩니다. 지금까지도 이 음악은 우리에게 큰 행복을 가져다주고 있습니다. 예술성이 극에 달한 라흐마니노프가 역경을 딛고 내놓은 음악을 들어보세요.

'Rachmaninoff: Symphony No. 2 | Antonio Pappano with the Staatskapelle Dresden'(DW Classical Music, 2021년 12월 5일)

'Symphony No. 2 / Sergei Rachmaninoff / Vasily Petrenko / Oslo Philharmonic'(Oslo Philharmonic, 2020년 3월 29일)

홀스트, 쇤베르크

▌홀스트 〈행성〉

'화성, 전쟁을 가져오는 자'

'금성, 평화를 가져오는 자'

'수성, 날개달린 파발꾼'

'목성, 즐거움을 가져오는 자'

'토성, 황혼기를 가져오는 자'

'천왕성, 마술사'

'해왕성, 신비로운 자'

　20세기 영국을 대표하는 작곡가 구스타브 홀스트(Gustav Holst, 1874~1934)의 〈행성(Op.32)〉은 우주의 여러 행성과 그리스신화가 합쳐진 제목만 봐도 가슴이 벅찬 곡입니다. 곡의 규모도 물론 크지만 이렇게 거대한 상상력을 이끌어낼 수 있는 곡도 없습니다. 홀스트는 본 윌리엄스와 함께 영국 음악가의 계보를 잇는 작곡가입니다. 그는 당시 활동하던 각 유럽의 대표 작곡가의 음악 스타일을 두루 흡수했고, 그에 더해 영국의 민요를 적극 활용하는 등 자신만의 스타일을 구축했습니다.

　1913년 홀스트는 영국의 점성술사 알랜 레오가 쓴 책을 읽고 큰 감명을 받습니다. 책에 나온 태양계 행성과 같은 이름을 가진 신에 대한 이야기를 음악으로 표현하겠노라 마음 먹습니다. 작곡은 1914년 봄에 착수해 1916년 완성되었는데요. 당시 명왕성은 발견되지 않은 상태여서 빠졌고 천문학 관점이 아닌 점성학 관점이었기 때문에 지구도 제외되었습니다.

　홀스트는 처음에 피아노 2대를 위한 곡으로 쓰려 했지만 쇤베르크의 〈5개의 관현악곡(Op.16)〉을 듣고 감명해 대규모 관현악곡으로 만듭니다. 1918년 비공개 초연이 이뤄졌고, 1920년 앨버트 코츠의 지휘와 런던 교향악단을 통해 공식 초연이 이뤄졌습니다. 초연은 대성공을 거둡니다. 〈행성〉은 그야말로 영국 음악계에서 나온 최고의 걸작이며 공연장에서 라이브로 들었을 때 엄청난 감동이 있는 작품입니다.

'Gustav Holst- The Planets, Full Suite'
(Salem Ronkartz, 2014년 4월 27일)

'Gustav Holst: Die Planeten op. 32 mit Andrew Manze | NDR Radiophilharmonie'(NDR Klassik, 2022년 10월 21일)

▌쇤베르크 〈정화된 밤〉

구스타프 말러의 작품이 그랬던 것처럼 아르놀트 쇤베르크(Arnold Schonberg, 1874~1951년)의 음악은 점점 더 우리와 가까워지고 있다고 생각합니다. 그의 작품은 이미 여러 악단과 지휘자의 주요 레퍼토리가 되고 있고 분명 점점 더 많은 클래식 애호가에게 사랑받게 될 것입니다. 그 선봉장에는 역시 〈정화된 밤〉이라는 작품이 있죠. 저에게는 익숙하지 않은 화성과 현대음악의 매력에 눈을 뜨게 해준 고마운 작품입니다.

〈정화된 밤〉은 쇤베르크의 초기 작품으로 25세 때 불과 3주 만에 작곡한 것으로 알려져 있습니다. 내용은 어떤 남녀의 대화를 매혹적으로 그린 리하르트 데멜의 시를 토대로 하고 있습니다. 음악을 듣기 전에 시의 내용을 먼저 보실 것을 권합니다. 현악 6중주로 작곡되었지만 음악은 분명 R. 슈트라우스의 교향시를 떠올리게 합니다. 그 때문인지 쇤베르크는 이후 현악 오케스트라용으로 편곡했고 지금은 오케스트라 버전으로 더 자주 연주되고 있습니다.

〈정화된 밤〉이 세상에 나올 수 있는 데는 쇤베르크가 그토록 존경하던 말러가 큰 역할을 한 것으로 알려져 있습니다. 이 곡을 처음 접하고 감탄한 말러는 바로 당시 빈 필하모닉 오케스트라의 악장을 불러 이 곡을 연주하게 했다고 합니다. 100년 전 오스트리아 빈의 보수적인 성향의 청중은 이 곡을 듣고 크게 충격을 받고 동요했습니다. 그러나 이 곡은 쇤베르크라는 사람을 음악계에 알리는 계기가 되었고 오늘날 우리에게 젊은 쇤베르크를 기억하게 하는 곡이기도 합니다.

'Karajan, BPO, live in London, 1988: Schoenberg's Verklärte Nacht'
(Music Lover, 2020년 3월 24일)

'Arnold Schoenberg: Verklärte Nacht'
(Norwegian Chamber Orchestra, 2014년 2월 4일)

▌ 쇤베르크 〈달에 홀린 피에로〉

독일의 저술가 알프레드 커가 1912년 이 곡을 듣고 남긴 말입니다. 저는 〈달에 홀린 피에로〉를 독일에서 처음 접했는데요. 너무 예쁜 제목이라고 생각해서 우연히 듣게 된 연주에서 정말 큰 충격을 받았습니다. 엄청난 난이도를 가진 작은 편성의 실내악 음악과 색다른 리듬, 가사를 알아들을 수 없는 소프라노의 슈프레히슈티메(말과 노래의 중간쯤 되는 성악의 특수한 발성법)는 거의 악몽을 꾸게 할 정도였습니다.

1912년 3월 쇤베르크는 여배우 알베르티네 체메에게서 알베르 지로가 지은 연작시 '달에 홀린 피에로'를 바탕으로 작품을 만들어 달라는 요청을 받습니다. 쇤베르크는 독일어 번역본을 읽고 21편의 시를 선정해 작곡했습니다. 연주하기가 상당히 까다로워서 리허설을 무려 40번이나 했다고 하는데요. 우여곡절 끝에 10월 베를린에서 초연이 이뤄졌습니다. 물론 대부분의 관객은 무조성과 슈프레히슈티메에 강한 거부감을 드러냈다고 합니다. 결국 초연 이후에는 작품 스스로 가치를 증명해내야만 했죠. 파격을 넘어 충격을 주는 작품인 〈달에 홀린 피에로〉는 지금까지 꾸준히 시간을 건너오고 있고 전 세계에서 공연되고 있습니다.

'Complete performance: Schoenberg's Pierrot lunaire'

(Chicago Symphony Orchestra, 2014년 4월 1일)

'Arnold Schoenberg - Pierrot Lunaire, Op. 21

(Ensemble Intercontemporain, Pierre Boulez)'

(wocomoMUSIC, 2021년 1월 3일)

▌ 라벨 〈죽은 왕녀를 위한 파반느〉

저는 모리스 라벨(Maurice Ravel, 1875~1937년)의 모든 곡을 좋아합
니다. 다양한 색채에서 오는 황홀함과 그의 음악이 주는 특별한 감
정은 다른 작곡가의 곡으로 대체되지 않습니다. 라벨은 젊은 나이부
터 피아노라는 악기에 애정을 보이며 여러 작품을 발표했습니다. 또
한 에릭 사티와 교류하며 진보적인 사운드를 경험했고 가브리엘 포
레의 인정을 받으며 성장했습니다.

〈고풍스러운 미뉴에트(M.7)〉〈셰에라자드(M.17)〉〈물의 유희(M.30)〉 등 자신의 스타일을 유감없이 드러내는 작품을 내놓은 라벨은 파리 음악계에서 주목을 받으며 폴리냑 공작부인의 살롱에도 드나들게 됩니다. 그녀는 당대 가장 영향력이 높았던 후원자로 파리 음악계에서는 그 영향력이 대단했습니다. 포레, 사티, 스트라빈스키, 미요, 라벨 등 수많은 음악가가 그녀의 도움을 기반으로 예술활동을 이어갈 수 있었죠. 라벨은 그런 폴리냑 공작부인을 위해 〈죽은 왕녀를 위한 파반느(M.19)〉를 작곡하고 헌정했습니다.

이 곡은 1899년 라벨이 아직 파리음악원에 재학 중이던 시절 작곡을 시작해 1900년에 완성되었습니다. 완성 직후에는 큰 관심을 끌지 못하다가 1902년 스페인 출신 피아니스트 리카르도 비녜스의 연주로 〈물의 유희〉와 함께 유명해졌다고 합니다. 라벨은 곡 제목의 '죽은 왕녀'가 폴리냑 공작부인이냐는 사람들의 관심에 "이전 시대 스페인 궁전에서 춤을 췄을 어느 어린 왕녀를 위한 기억"일 뿐이라고 일축했습니다. 곡 자체로 평가받고 싶고 다른 이야기로 필요 이상의 해석을 경계한 것으로 보입니다. 1910년 라벨 본인이 관현악곡으로 편곡해 발표했는데 이 역시 아주 아름답습니다. 라벨의 바람대로 귀를 열고 곡을 있는 그대로 감상해보세요.

‘Bertrand Chamayou records Ravel's Pavane pour une infante défunte (Pavane for a Dead Princess)'(Warner Classics, 2015년 12월 30일)

라벨 〈볼레로〉

"나는 단 하나의 걸작만을 썼다. 그것이 〈볼레로〉다. 그러나 불행하게도 이 곡에는 음악이 존재하지 않는다."

〈볼레로(M.81)〉는 라벨의 예상과 다르게 아주 큰 성공을 거뒀습니다. 라벨은 일단 리드미컬하고 힘이 넘치는 선율을 하나 작곡했습니다. 그리고 그 선율을 지속적으로 반복하면서 점점 관현악적으로 발전시켜나가는 곡이 〈볼레로〉입니다. 라벨은 이것이 단순한 '실험'이었으며 '음악이 아닌 관현악적 조직'일 뿐이라고 해명하기도 했습니다. 그러나 음악은 작곡가의 손을 떠난 후에는 관객들의 몫이죠. 청중은 이 음악에 열광했습니다.

1928년 라벨은 러시아의 안무가 이다 루빈스타인으로부터 스페인 작곡가 이삭 알베니스의 피아노 모음곡 〈이베리아〉 중 6번째 곡을 관현악으로 편곡해달라는 의뢰를 받습니다. 하지만 이 의뢰가 저작권 문제로 무산되면서 라벨은 새로운 곡을 만들기로 하는데요. 작

　　　　　　　　　　　　4부 입문자를 위한 클래식 명작 106

곡은 라벨이 미국 연주여행에서 돌아온 6월에 착수해 10월경 완성되었습니다. 11월 파리에서 이뤄진 발레 초연은 대성공을 거뒀습니다. 그다음 해에는 당대 최고의 지휘자 아르투로 토스카니니와 뉴욕 필하모닉의 미국 초연으로 〈볼레로〉는 전 세계로 뻗어나갔습니다.

이 곡은 가장 단순한 구성으로 가장 강력한 감동을 줍니다. 동일한 리듬 유형이 169차례나 반복되고 그 위에 2개의 주제가 18번 반복됩니다. 이렇게 글로 보았을 때는 지루하게 들리기도 하는데요. 여러 관악기의 음색을 듣는 재미만 해도 아주 쏠쏠합니다. 이에 더불어 아주 작은 소리부터 끝도 없이 확장되는 큰소리까지 거대한 크레센도를 만드는 오케스트라 사운드는 듣는 사람을 전율케 합니다.

'Wiener Philharmoniker - Maurice Ravel - Bolero -

Regente Gustavo Dudamel (HD)'

(Charles Henrique da Silva, 2018년 9월 25일)

▌버르토크 〈중국의 이상한 관리〉

스트라빈스키의 〈봄의 제전〉과 더불어 클래식 음악사상 가장 충격을 크게 던진 작품일지도 모른다는 생각을 합니다. 〈중국의 이상한 관리〉는 버르토크 벨러(Bartók Béla, 1881~1945년)가 무대 위의 팬

터마임(몸짓극)을 위해 작곡한 음악입니다. 이 작품이 1926년 쾰른에서 초연되었을 때 내용이 워낙 엽기적이고 퇴폐적이어서 일대 소동이 일어났다고 합니다. 쾰른에서도 심지어 고국인 헝가리에서도 공연을 금지시킬 정도였습니다.

버르토크의 반응은 어땠을까요? 그는 스스로 이 작품에 대해 만족감을 드러냈습니다. 그리고 음악에 대해 조금도 수정을 가하지 않았습니다. 일부 내용을 편집하긴 했지만 오히려 콘서트용 모음곡(Op.19, Sz.73)으로도 만들었습니다. 버르토크의 확신대로 이 곡은 여러 지휘자와 악단에 의해 꾸준히 연주되고 있습니다. 버르토크의 압도적인 오케스트라 음향을 경험해보고 싶다면 이 곡을 꼭 들어보세요.

줄거리는 이렇습니다. 3명의 건달과 한 매춘부가 복잡한 도시의 방 한 칸을 차지하고 있습니다. 매춘부는 3명의 남자를 건물 안으로 유인해 각각 관계를 가지려고 하고, 건달들은 유인된 고객의 돈을 모조리 뺏으려는 희망에 차 있습니다. 첫 번째 고객은 나이 많고 가난한 난봉꾼입니다. 빈털터리임이 밝혀진 후 그는 계단 아래로 던져집니다. 두 번째 고객은 가난하고 수줍음 많은 젊은이로 똑같은 꼴을 당합니다. 마지막으로 중국인이 나타나지만 그의 기묘한 외양에 매춘부는 기겁하고 물러섭니다. 건달들은 중국인의 재물을 빼앗으려 하지만 그가 저항하자 살해하기 위한 3가지 시도를 합니다. 놀랍게도 중국인은 숨을 막아도 칼에 찔려도 죽지 않았습니다. 그들은 중국인을 등 장치에 목 매달지만 중국인은 초록빛이 도는 파란빛으로 반짝거립니다. 이 부분에서 가사가 없는 합창소리가 오싹하게 울려 퍼집니다.

'Bartók: Der wunderbare Mandarin ·hr-Sinfonieorchester Andrés Orozco-Estrada'(hr-Sinfonieorchester – Frankfurt Radio Symphony, 2019년 2월 26일)

'Bartok - Der wunderbare Mandarin Pantomime, Op. 19 Sz 73 (Vienna Philharmonic, Pierre Boulez)' (EuroArtsChannel, 2019년 10월 18일)

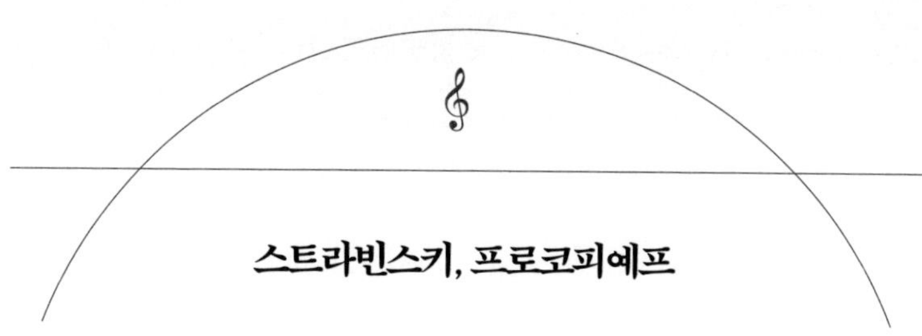

스트라빈스키, 프로코피예프

▌스트라빈스키 〈봄의 제전〉

앞서 버르토크가 음악계에 엄청난 충격을 던지기 10여 년 전, 정확히는 1913년 5월 29일 파리의 샹젤리제 극장을 완전히 아수라장으로 만들어버린 음악이 있습니다. 막이 오르자 고성과 야유가 빗발쳤고 지지파와 반대파가 공연장 내에서 격론을 벌였습니다. 이 날은 '발레 뤼스(러시아 발레단)'의 신작 발레가 첫 선을 보이는 날이었습니다. 바슬라프 니진스키가 안무를, 이고르 스트라빈스키(Igor Stravinsky,

1882~1971년)가 음악을 담당한 공연이었습니다. 공연 내용은 당시 사람들은 상상하기 힘들 정도로 충격적이었습니다.

〈불새〉〈페트루슈카〉 두 발레 음악을 통해 이미 스트라빈스키는 엄청난 음악가임을 증명했습니다. 〈불새〉를 완성할 무렵 스트라빈스키는 꿈에서 어렴풋이 원시종교 제전을 봤는데 이 아이디어를 작가 로에리치, 발레 뤼스의 단장 디아길레프와 함께 실현한 것이 〈봄의 제전〉입니다. 니진스키의 안무나 디아길레프의 의도적인 흥행을 위한 요소는 뒤로 하고 음악만 들여다보겠습니다.

5박, 7박 심지어 11박의 리듬, 분절적이고 충격적인 타악기 사용, 파격적인 관현악 음향, 화성체계를 완전히 무너뜨리는 불협화음까지. 이 모든 것은 기존의 체제에 반하는 것이었습니다. 이 곡을 통해 새로운 음악세계를 열어젖힌 것입니다. 초연 당시에는 파격적이고 충격적이라는 평가가 잇따랐지만, 어느 시점부터는 음악의 새로운 지평을 개척했다는 찬사가 이어졌습니다. 버르토크, 프로코피예프, 불레즈 등 20세기의 수많은 작곡가가 이 작품에 영향을 받았습니다. 작곡된 지 100여 년이 지났지만 이 작품은 여전히 '핫'하고 '힙'합니다.

이 곡을 무려 암보로 연주하는 지휘자 사이먼 래틀의 연주, 그리고 영화 '샤넬과 스트라빈스키'에서 재현한 〈봄의 제전〉 초연 장면을 추천합니다.

'Stravinsky The Rite of Spring //

London Symphony Orchestra/Sir Simon Rattle'

(London Symphony Orchestra, 2017년 10월 3일)

'04 Coco Chanel et Igor Stravinsky Le Sacre du Printemps'

(Carlos Remón, 2016년 8월 26일)

▌프로코피예프 〈피아노 협주곡 제3번 C장조〉

20세기 전반에 일어난 러시아 혁명은 예술가에게도 큰 영향을 미쳤습니다. 그들은 망명을 선택하거나 정부나 지배층의 요구를 들어주는 조건으로 조국에 남기도 했습니다. 젊은 나이에 탁월한 음악가로 발돋움한 세르게이 프로코피예프(Sergei Prokofiev, 1891~1953년)도 선택을 해야 했죠. 1916년 프로코피예프는 〈피아노 협주곡 제3번 C장조〉의 구상을 시작했지만, 1917년 러시아 혁명이 일자 일본과 미국을 거쳐 프랑스로 건너가 정착하게 됩니다. 그의 망명생활은 10여 년간 이어집니다.

프로코피예프는 1921년 망명지였던 프랑스의 브르타뉴에서 〈피아노 협주곡 제3번 C장조〉를 발표합니다. 이 작품은 작곡가로서의 실력은 물론 피아니스트로서의 기량도 마음껏 펼칠 수 있는 곡이었습니다. 프로코피예프의 이웃이었던 시인 콘스탄틴 발몬트 역시 러시아에서 이주한 예술가였는데요. 그는 이 협주곡을 듣고 짧은 시를 써서 마음을 표현했는데, 프로코피예프는 이에 감사를 표하며 이 곡을 그에게 헌정했습니다.

피아노와 오케스트라가 주고받는 엄청난 에너지, 타악기를 연상시키는 피아노의 사용, 신비로운 화성과 선율미는 이 작품에 빠져들지 않을 수 없게 만듭니다. 게다가 프로코피예프 특유의 스토리텔링 능력은 1악장부터 곳곳에서 여러 악기와 함께 발휘됩니다. 느린 2악장 대신 사용한 가보트풍의 주제와 변주는 번뜩이는 아이디어로 가득합니다. 낭만적인 선율과 피날레를 향한 폭발적인 질주가 돋보이는 3악장 역시 굉장합니다.

'Denis Matsuev: Prokofiev - Piano Concerto No. 3 in C major, Op. 26
(Mariinsky Orchestra)'
(EuroArtsChannel, 2015년 5월 15일)

'Yuja Wang: Prokofiev - Piano Concerto No. 3 in C major, Op. 26
(Claudio Abbado, LUCERNE FESTIVAL)'
(EuroArtsChannel, 2015년 3월 11일)

▎프로코피예프 〈로미오와 줄리엣〉

제가 생각하는 프로코피예프는 '스토리텔러'입니다. 관현악곡 〈피터와 늑대〉, 발레곡 〈신데렐라〉처럼 모두가 아는 이야기를 풀어내는 능력도 물론 좋지만, 그의 다른 곡을 들어보아도 마치 동화를 들려주는 것처럼 풍성한 스토리가 돋보입니다. 그의 이런 능력을 가장 잘 보여주는 작품 중 하나가 〈로미오와 줄리엣〉입니다. 그가 음악으로 표현하는 〈로미오와 줄리엣〉은 그야말로 압도적이고 황홀합니다.

이미 구노, 벨리니, 베를리오즈, 차이콥스키 등이 셰익스피어의 희곡 『로미오와 줄리엣』으로 음악을 만든 적이 있습니다. 망명생활에서 돌아온 프로코피예프는 이 명작을 발레로 만들고 싶어 했고, 또 만들 수 있다고 생각했습니다. 앞서 〈봄의 제전〉에서 언급된 디아길레프 단장과 발레 뤼스 공연의 음악을 몇 차례 써본 경험이 있는 프로코피예프는 자신감이 있었습니다. 그러나 여러 정치적 상황, 예술적인 의견차로 발레를 무대에 올리는 것은 난항을 거듭했습니다. 발레가 무대에 오르는 게 불투명해지자 프로코피예프는 이 곡을 알리기 위해 오케스트라 모음곡과 피아노를 위한 모음곡으로도 만들게 됩니다.

1935년 완성된 이 발레곡은 1936년에는 오케스트라 모음곡으로, 1937년에는 피아노 솔로를 위한 모음곡으로 연주되었고, 1938년에야 처음 체코슬로바키아에서 발레 초연이 이뤄졌습니다. 1940년에는 레닌그라드에서 역사적인 초연을 가지며 대성공을 거뒀습니다. 지금까지 수많은 발레단과 음악가에 의해 이 음악은 재창조되고 있으며, 관객이 가장 사랑하는 레퍼토리로 자리 잡았습니다.

'Prokofiev: Romeo and Juliet Suite - Radio Filharmonisch Orkest led by

Antony Hermus - Live HD'

(AVROTROS Klassiek, 2019년 9월 2일)

거슈윈, 풀랑크

▌거슈윈 〈랩소디 인 블루〉

유럽이 1900년대에 들어 무조음악을 필두로 예술성을 강조하며 대중과 멀어지고 있을 때, 미국에서는 전혀 다른 움직임이 있었습니다. 가장 미국다운 음악 장르인 재즈와의 결합이었죠. 재즈 밴드의 리더이자 '재즈의 왕'이라고 불렸던 폴 화이트먼은 다른 음악 장르와의 협업을 꾀했고, 당시 유망한 작곡가이자 피아니스트였던 조지 거슈윈(George Gershwin, 1898~1937년)에게 자유로운 형식의 협주곡을

    4부 입문자를 위한 클래식 명작 106

부탁합니다. 1924년 조지 거슈윈은 2대의 피아노를 위한 곡을 작곡했고 페르드 그로페가 편곡해 피아노와 오케스트라를 위한 협주곡이 탄생했습니다.

〈랩소디 인 블루〉라는 이름을 붙인 이 곡은 뉴욕 에얼리언 홀에서 열린 '현대음악의 실험' 공연에서 초연이 이뤄졌습니다. 오케스트라 연주는 폴 화이트먼이 지휘하는 팔레 로열 오케스트라가 맡았고 피아노 독주는 거슈윈이 직접 맡았습니다. 초연 때 거슈윈은 피아노 독주의 상당 부분을 즉흥 연주로 진행했다고 하는데요. 공연은 엄청난 반향을 불러일으키며 큰 성공을 거뒀습니다. 초연 후에도 곡의 인기는 전 세계로 확산되었고, 1942년 거슈윈은 이 곡을 심포니 오케스트라용으로 편곡해 곡의 가치를 한층 끌어올렸습니다.

거슈윈은 라벨의 제자가 되고 싶었다고 합니다. 공연차 미국에 온 라벨에게 거슈윈은 자신의 스승이 되어 달라고 부탁했는데요. 라벨은 "당신은 저절로 샘처럼 솟아나는 멜로디를 가진 사람이다. 일류의 거슈윈이 되는 편이 이류 라벨이 되는 것보다 낫지 않겠는가"라며 거절했다고 합니다. 프랑스 음악의 거장인 라벨에게 이런 칭찬받을 만큼 거슈윈의 음악, 특히 〈랩소디 인 블루〉는 대단한 힘을 가지고 있습니다. 지금도 여전히 전 세계 최고의 피아니스트와 오케스트라는 이 곡을 무대에 올리고 있으며 관객이 가장 사랑하는 레퍼토리입니다.

'George Gershwin - Rhapsody in Blue - Leonard Bernstein,
New York Philharmonic (1976)'(Qiyu Liu, 2014년 12월 5일)

'Lang Lang: George Gershwin - Rhapsody in Blue'
(Cazador de Letras, 2016년 3월 22일)

▌ 풀랑크 〈사랑의 길〉

프랑시스 풀랑크(Francis Poulenc, 1899~1963년)는 다리우스 미요, 아르튀르 오네게르 등과 함께 '프랑스 6인조'의 주요 멤버였습니다. 프랑스 6인조라는 이름은 프랑스의 비평가 앙리 콜레가 '러시아 5인조'를 본떠서 붙인 이름입니다. 이들은 정신적으로나 음악적으로 에릭 사티를 따르는데요. 바그너주의도, 모호한 인상주의에도 반하는 고유한 음악적 특징을 가집니다. 비교적 단순한 선율과 대위법을 사용하며 형식이나 구조적으로도 정확한 음악을 만듭니다. 이야기하고 보니 마치 고전주의 음악의 특징을 말하는 것 같지만 이들의 음악은 프랑스의 색채로 가득합니다.

풀랑크는 파리 출신의 가장 프랑스다운 작곡가 중 한 명입니다. 그의 음악은 유머가 가득한 한편, 매혹적인 선율로 가득 차 있습니다. 제가 앞서 다른 작곡가를 소개할 때마다 여러 번 이야기해서 민

망하지만, 저는 풀랑크 역시 모든 곡을 좋아하는 편입니다.

그러나 전쟁은 모든 것을 바꿔놓았습니다. 1936년, 가까운 친구가 세상을 떠났고, 제2차 세계대전 중 프랑스 레지스탕스 활동까지 했던 풀랑크의 음악은 더욱 심오하고 깊어집니다. 1940년, 독일군의 탱크가 프랑스 파리를 향해 진군하던 시기에 풀랑크는 이 〈사랑의 길〉을 작곡했습니다. 시인 장 아누이의 시에 음악을 붙인 것인데요. 이루지 못한 사랑과 열정, 절망, 그리고 추억을 노래하고 있습니다. 너무나 아름다운 곡이라 전쟁 중에 쓰였다고 생각하기 힘든 작품입니다.

1941년, 풀랑크는 친구에게 편지로 "이 노래를 작곡하며 내 조국 프랑스를 짓누르는 독일군의 위협, 이런 슬픈 상황이 어째서 우리에게 일어났는지, 언제 어떻게 끝날 수 있는지 따위의 괴로움을 잊을 수 있었다"라고 이야기했습니다.

'Sabine Devieilhe, Alexandre Tharaud - Poulenc: "Les Chemins de l'amour'"(Warner Classics, 2020년 9월 4일)

'Fatma Said & Hans Eijsackers - Les Chemins de l'amour - Francis Poulenc | Podium Witteman'(Podium Klassiek, 2019년 3월 6일)

풀랑크 〈카르멜파 수녀들의 대화〉

> "이 음악은 자네를 겁나게 할 것이다. 내가 자네 앞에서 이것을 연주
> 한다면 당신은 울고, 울고 또 울 걸세."

풀랑크는 친구에게 쓴 편지에서 이렇게 말했습니다. 1957년, 밀라노 스칼라 극장에서 초연된 이 작품은 풀랑크 음악 인생의 최대 걸작이자 오페라계에 충격을 던진 작품이었습니다.

〈카르멜파 수녀들의 대화〉는 프랑스 대혁명 당시 공포정치 아래 일어났던 실화를 바탕으로 합니다. 1794년 7월 17일 카르멜회 수녀 16명이 순교한 사건이 세상에 알려졌습니다. 독일의 여성 작가 게르트루트 폰 르포르는 이 사건을 바탕으로 『단두대 위의 마지막 여인』이라는 소설을 발표했는데요. 이 원작을 기초로 조르주 베르나노스의 연극이 만들어지고, 세월이 흘러 풀랑크와 작업을 해보고 싶었던 밀라노 스칼라 극장은 이 작품의 오페라화를 제안하면서 〈카르멜파 수녀들의 대화〉가 탄생합니다.

저는 이 작품을 들으면 들을수록 소름이 끼쳤습니다. 아직 이 작품의 오페라를 현장에서 본 적이 없어서 음반으로만 이 음악을 접했는데요. 음악에서 느껴지는 시각적 효과가 굉장합니다. 게다가 시종일관 신비로운 화성과 종교적인 깊이로 가득해 엄청난 에너지를 가지고 있습니다. 두려움 속에 부르는 '살베 레지나' 장면과 16번이나

울리는 단두대 장면은 한 번만 들어도 결코 잊혀지지 않습니다. 이 오페라는 암흑과도 같은 20세기 중반에 마치 구원처럼 등장합니다. 현재에도 미적 감각이 돋보이는 20세기 최고의 프랑스 오페라로 손꼽히고 있습니다.

'Dialogues Des Carmelites (final scene / Salve Regina) F. Poulenc'
(Enzo GD - Contribution, 2016년 4월 5일)

'Dialogues des Carmélites - Final Scene ("Salve Regina")'
(mynameiswhatever, 2022년 7월 18일)

메시앙, 쇼스타코비치

▌메시앙 〈새의 카탈로그〉

“엄마, 나는 커서 새를 연구하는 학자가 될 거에요. 새의 울음소리는 리듬도 기가 막히지만, 멜로디가 너무 아름다워요. 그 자체가 음악이니까요.”

올리비에 메시앙(Olivier Messiaen, 1908~1992년)은 시간이 있으면 숲으로 나가서 새의 울음소리를 오선지에 옮겨 적곤 했습니다. 이 습관은 훗날 걸작을 탄생시키는 토대가 되었는데요. 그의 대표작으로 는 〈검은 새〉 〈새들의 기상〉 〈이국의 새들〉 그리고 〈새의 카탈로그〉 가 있습니다.

메시앙은 프랑스 출신의 작곡가로 음악사에서 절대 빼놓을 수 없 는 인물입니다. 폴 뒤카의 제자였고, 불레즈와 슈톡하우젠의 스승이 기도 합니다. 종교음악의 대가이기도 하며 실내악, 협주곡, 관현악곡 에서도 무수한 걸작을 탄생시켰습니다. 1944년에는 자신의 작곡법 을 종합해 『나의 음악어법』이라는 책을 발표했는데요. 이는 오늘날 까지 현대음악어법의 중요한 이정표가 되고 있습니다.

〈새의 카탈로그〉의 곡 길이는 무려 2시간 30여 분입니다. 77종에 이르는 새들이 13곡에 걸쳐서 끝없이 지저귑니다. 메시앙은 수십 종 의 새소리를 전부 분별해 악보에 옮긴 후 피아노로 그 소리를 재현 했습니다. 처음 들었을 때 상당히 난해하게 다가올 수 있는데요. 고 정관념을 버리고 마음을 열고 듣다 보면 어렴풋이 프랑스의 아름다 운 풍경과 대화를 주고받는 새들의 노래가 들릴 것입니다.

'Olivier Messiaen, Catalogue d'oiseaux (Yvonne Loriod)'

(hu, 2014년 5월 2일)

'Messiaen: Catalogue d'Oiseaux'

(Brilliant Classics, 2020년 4월 27일)

쇼스타코비치 〈교향곡 7번 C장조〉

흔히 '레닌그라드' 교향곡이라 불리는 〈쇼스타코비치 교향곡 7번 C장조(Op.60)〉는 드미트리 쇼스타코비치(Dmitrii Shostakovich, 1906~1975년)의 모든 교향곡 중 가장 규모가 크고 길이가 긴 작품입니다. 레닌그라드라는 도시는 현재의 상트페테르부르크입니다. 이 도시는 모스크바 다음으로 큰 도시이며 쇼스타코비치의 고향이기도 합니다. 1941년 세계 제2차대전 당시 독일 나치는 이 도시를 3년 가까이 포위했습니다. 모든 음식과 연료 공급도 차단되어 철저히 폐허가 된 이 시점에 쇼스타코비치는 레닌그라드 교향곡을 작곡했습니다.

1942년 3월 5일 쇼스타코비치가 곡을 완성한 도시 쿠이비셰프에서 사무엘 사모수드의 지휘와 볼쇼이 극장 오케스트라의 연주로 초연이 이뤄집니다. 이후 이 작품은 전 세계로 뻗어갔습니다. 전쟁의 참상을 고스란히 담고 있다고 여겨지면서 마이크로필름으로 해외에도 전해졌습니다. 런던 심포니가 런던의 프롬에서 연주했고, 지휘자 토스카니니는 NBC 심포니 오케스트라와 함께 뉴욕에서 이 곡을 연주했습니다. 첫 번째 스튜디오 레코딩은 1953년 1월 7일 지휘자 예프게니 므라빈스키의 버전으로 남아 있습니다.

이 곡의 작곡 의도에 대해서는 항상 말이 많습니다. 독일의 공격을 받고 있는 조국의 사기를 돋우기 위한 곡이라는 주장도 있지만,

"점령당한 레닌그라드에 대한 것이 아니다. 그건 바로 스탈린이 이미 철저히 파괴하고 히틀러가 마지막 타격을 가한 레닌그라드에 관한 것이다"라고 쇼스타코비치가 말했다는 주장도 있습니다. 어찌되었든 이제는 이 작품의 음악 외적인 면보다는 음악적인 면모에 주목할 필요가 있습니다. 쇼스타코비치가 처음에 각 악장에 '전쟁' '추억' '조국의 광활함' '승리'라는 부제를 붙였다가 삭제한 이유도 우리가 자신의 음악을 그렇게 봐주기를 기대하기 때문이라고 생각합니다.

'Schostakowitsch: 7. Sinfonie (»Leningrader«) · hr-Sinfonieorchester ·
Klaus Mäkelä'(hr-Sinfonieorchester –
Frankfurt Radio Symphony, 2019년 11월 13일)

'SHOSTAKOVICH-Symphony No 7 'Leningrad' in C major op 60-Dir
Valery Gergiev-Orq Mariinsky theatre'
(Franco Castro, 2021년 8월 3일)

▎쇼스타코비치 〈교향곡 15번 A장조〉

최대 규모의 교향곡 7번을 쓴 이후에도 쇼스타코비치의 교향곡은 계속 발전했습니다. 마의 9번을 넘기고 교향곡에서 할 수 있는 거의 모든 실험을 거치며 쇼스타코비치는 무려 15개의 교향곡을 작곡했습니다. 교향곡의 대가로 자리매김한 그가 남긴 마지막 15번째 교향곡은 어떨까요? 일단 저는 쇼스타코비치 교향곡 중에서는 이 작품을 가장 좋아합니다.

이 곡은 우선 형식적으로 고전적인 형태를 취하고 있습니다. 성악이 포함되지 않은 전형적인 4악장 구조입니다. 절대음악의 모습을 하고 있으며 실내악적 요소가 곳곳에 아주 많습니다. 그리고 곡에서는 죽음을 앞둔 고뇌나 전쟁의 참상과 같은 고통이 보이지도 않습니다. 오히려 1악장부터 롯시니의 〈윌리엄 텔〉 패러디가 들려오는데요. 쇼스타코비치의 재치와 유머가 돋보입니다. 2악장의 장송행진곡과 바순과 클라리넷으로 시작하는 3악장 또한 무거운 조성과는 별개로 악기 간 재밌는 실내악과 다양한 표정이 돋보입니다. 4악장에서는 바그너의 〈니벨룽의 반지〉 중 '운명의 동기'를 인용했고, 〈신들의 황혼〉 중 '지그프리트의 장송행진곡'의 리듬을 사용했습니다. 〈트리스탄과 이졸데〉의 서주와 비슷한 음형도 등장합니다.

쇼스타코비치는 언제나 자신의 작품에 대해 말을 아낀 편입니다. 그래서 그의 작품은 수수께끼와 같습니다. '그가 어떤 의도를 가진 것일까?' '무엇을 말하고 있을까?'를 알아내는 일은 쇼스타코비치의 음악을 듣는 재미 중 하나입니다. 그런 재미를 느끼기에 가장 훌륭한 곡이 바로 〈쇼스타코비치 교향곡 15번 A장조〉입니다. 평생 교향곡을 쓴 쇼스타코비치가 내린 교향곡이라는 장르에 대한 그리고 자신의 인생에 대한 결론은 무엇일까요?

   4부 입문자를 위한 클래식 명작 106

'Shostakovich - Symphony No 15 in A major, Op 141 - Haitink'

(Cantus 5, 2015년 2월 26일)

'Schostakowitsch - Sinfonie Nr. 15 | Andris Poga | WDR

Sinfonieorchester'(WDR Klassik, 2022년 10월 22일)

브리튼, 바버

▌브리튼 〈청소년을 위한 관현악 입문〉

벤저민 브리튼(Benjamin Britten, 1913~1976년)의 〈청소년을 위한 관현악 입문(Op.34)〉은 음악이나 관현악 입문자를 위한 단연 최고의 곡입니다. '오케스트라의 각 악기의 특징을 이토록 효과적으로 포착한 곡이 또 있을까?' 생각하게 됩니다.

〈청소년을 위한 관현악 입문〉은 영국의 교육부가 제작한 영화 '오케스트라의 악기'를 위해 작곡한 관현악곡입니다. 영국 역사상 가장 훌륭한 작곡가인 헨리 퍼셀이 작곡한 〈무어인의 복수〉에서 주제를 가져왔기 때문에 '퍼셀의 주제에 의한 변주곡과 푸가'라는 부제가 붙어 있기도 합니다.

브리튼은 현악기, 목관악기, 금관악기, 여러 타악기까지 그 악기에 절묘하게 어우러지게 음악을 썼는데요. 악기를 잘 표현할 뿐만 아니라 음악 자체도 상당히 훌륭합니다. 그래서 해설을 붙여서 공연하는 경우도 있지만 해설이 전혀 없이 연주회에서 연주를 듣기만 해도 전혀 어색하지 않습니다. 특히 마지막 푸가 부분에서 각각의 악기가 처음에 등장한 것과 같은 순서로 재등장하고 막바지에는 주제와 함께 대위법적 진행을 이루는데요. 이렇게 모든 악기가 합주를 할 때도 각 악기의 특성이 그대로 들립니다. 브리튼의 실력을 제대로 보여주는 부분입니다.

이 작품은 최근까지도 가장 많이 연주되고 있는 클래식 곡 중 하나입니다. 여러 도시를 대표하는 오케스트라가 지역 청소년을 위해 이 작품을 1순위로 선택해 연주하고 있기 때문입니다.

'The Young Person's Guide to the Orchestra'

(New Jersey Symphony, 2022년 6월 1일)

▮ 바버 〈현을 위한 아다지오〉

"아마도 다른 미국의 작곡가 누구도 그렇게 이른 시기부터 오랫동안 지속되는 호평을 받은 적이 없었다."

사무엘 바버(Samuel Barber, 1910~1981년)를 일컫는 말입니다. 그는 퓰리처상 음악 부문에서 오페라 〈바네사(Op.32)〉, 오케스트라 곡 〈현을 위한 아다지오(Op.11)〉로 두 차례 수상했습니다. 한편 그는 위대한 성악가 루이즈 호머의 조카인데 작곡가로 알려지기 전에는 재능 있는 성악가로 인정을 받기도 했습니다. 기악음악으로 성공한 바버지만 그의 음악은 언제나 노래가 함께 하고 있습니다. 그가 1936년에 완성한 이 〈현을 위한 아다지오〉 또한 그렇습니다.

이 곡은 원래 그의 현악 4중주 중 느린 악장으로 쓰려고 만든 것이었습니다. 그러나 바버는 머지않아 이 곡이 엄청난 곡이라는 것을 깨달았고 친구들에게 이 아다지오를 가리켜 '히트상품'이라고 말했다고 합니다. 이는 곧 또 다른 거장에 의해 증명되는데요. 바로 지휘자 토스카니니가 이 곡을 마음에 들어 한 것입니다. 바버는 기존 현악 5부 편성에서 2개의 바이올린과 첼로 파트를 둘로 나눠 7부 편성으로 구성했고, 〈현을 위한 아다지오〉는 1938년 토스카니니의 지휘로 NBC 교향악단을 통해 처음 연주된 후 주요 레퍼토리로 지속적으로 연주되었습니다.

이 곡에 담긴 진한 울림은 많은 사람에게 큰 감동을 주었습니다. 바버의 음악은 현대음악의 고전주의라고 불릴 만큼 듣기에 거북하지 않고 선율과 화성이 매우 아름답습니다. 음악의 흐름이 우아하면서도 호소력이 넘치는 한편 비극적이면서도 장엄한 선율을 가지고 있어 추모곡으로도 많이 연주되었습니다. 1945년 루스벨트 대통령의 장례식, 그리고 아인슈타인, 존 F. 케네디, 그레이스 켈리의 추모식에서도 연주되었습니다. 1981년 1월 바버는 세상을 떠났고 그의 장례식에서도 이 음악이 울려 퍼졌습니다.

'Vienna Philharmonic – Barber: Adagio for Strings, Op.11
(Summer Night Concert 2019)'
(Sony Classical, 2019년 8월 2일)

'Samuel Barber - Adagio for Strings op. 11 |
Cristian Măcelaru | WDR Sinfonieorchester'
(WDR Klassik, 2021년 5월 8일)

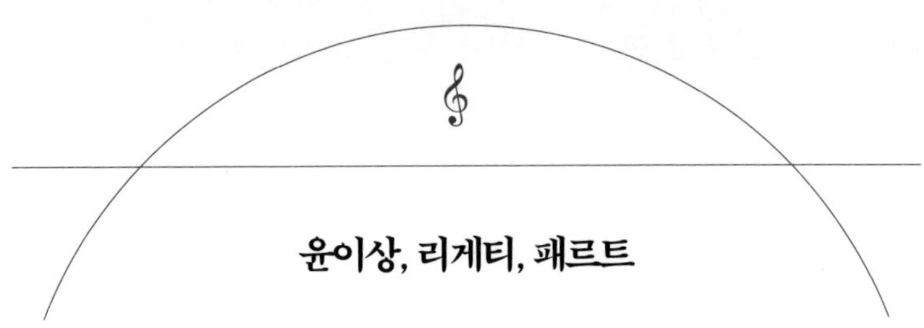

윤이상, 리게티, 패르트

▌윤이상 〈신라〉

1917년 한국에서 태어난 작곡가 윤이상(1917~1995년)은 일본 오사카와 도쿄를 거쳐 프랑스 파리음악원과 베를린에서 작곡과 음악을 배웠습니다. 일찍이 경험과 실력을 쌓은 그는 1959년 현대음악 작곡가의 등용문으로 여겨지는 독일 다름슈타트 국제현대음악제에서 〈일곱 악기를 위한 음악〉으로 큰 호평을 받게 됩니다. 1966년에는 현대음악의 성지라 불리는 도나우에싱엔 현대음악제에서 관현악

〈예악〉을 초연했고 엄청난 반향을 불러일으킵니다. 그는 〈예악〉을 통해 유럽의 떠오르는 현대음악 작곡가로서의 입지를 단단히 했습니다.

그러나 정치 성향 등의 문제로 1967년 서울로 납치된 후 10년형이 확정되어 투옥생활을 하게 되는데요. 당시 서독이 나서서 윤이상 작곡가의 석방을 요구하고, 100여 명의 음악인이 그를 위해 서명하게 됩니다. 서명인 중에는 스트라빈스키, 슈톡하우젠, 리게티, 카라얀 등 내로라하는 음악계 거장들이 포함되어 있어 윤이상의 국제적 명성을 확인하기도 했습니다. 1969년 결국 그는 석방되었고, 이후 서독으로 망명해 모교인 서베를린 예술대학에서 정교수로 활동하는 등 독일에서 남은 여생을 보냅니다.

〈신라〉는 〈예악〉을 발표한 지 26년이 지난 후의 작품입니다. 윤이상은 이 곡을 '밤의 음악'이라고 부르기도 했는데요. 그의 다른 관현악곡에 비해 규모가 크지 않고 실내악적입니다. 그러나 적은 악기로도 음향적으로는 매우 다채롭습니다. 한국사를 통틀어 가장 오래 존속한 '신라'라는 왕국의 이미지와 그들의 자랑인 화랑의 정신이 신비한 음향으로 멋스럽게 드러나는 곡입니다. 윤이상은 한국의 전통음악과 서양의 음악을 완전히 흡수해 현대적으로 재창조한 작곡가입니다. 이런 그의 업적을 〈신라〉에서 확인해보세요.

리게티 〈영원한 빛〉

20세기의 가장 위대한 고전음악 작곡가 중 한 명으로 꼽히는 리게티 죄르지(Ligeti György, 1923~2006년)는 스탠리 큐브릭의 영화 '2001 스페이스 오디세이'와 '아이즈 와이드 셧'에 삽입된 음악의 작곡가로도 잘 알려져 있습니다.

리게티가 생각한 〈영원한 빛〉의 아이디어는 이렇습니다. 우리는 어떤 공간에 있고 그 공간에는 어둠과 정적만이 가득합니다. 그런데 큰 창문을 천천히 열면 풍경과 바람소리 그리고 빛이 들어옵니다. 바깥세상은 언제나 끊임없이 흘러갑니다. 그 창문을 열어놓는 동안에는 이 사실을 고스란히 느낄 수 있습니다. 이 곡에서 들려오는 소리와 빛은 이미 어딘가 존재하던 것입니다. 만약 음악과 빛이 보인다면 우리가 단지 창문을 열었을 뿐인 것이죠.

리게티는 이러한 아이디어를 음악으로 풀어내는 시도를 했습니다. 8명의 여자 성악가가 각기 다른 시점에 동일한 선율을 꺼내놓으며 곡은 시작합니다. 바로 '캐논'입니다. 그런데 모두가 다르게 시작하는 데다 음이 길고 템포가 느려서 조성도 리듬도 느낄 수 없습니다. 그래도 화음은 거의 항상 발생합니다. 단지 그 화성이 무엇인지, 언제 바뀔지는 예측하기 매우 힘듭니다. 그렇게 2가지 이상의 성부가 끊이지 않고 지속됩니다. 즉 영원한 것이죠.

리게티가 직접 만든 캐논 기법은 이 곡에서 아주 잘 드러납니다.

<영원한 빛>에서는 4개의 캐논과 중간에 머무르는 느낌의 부분
(Domine)이 나옵니다. 머무르는 느낌의 부분은 각기 다른 캐논을 이
어주는 역할을 합니다. 곡의 맨 마지막에는 '솔'과 '파'음만이 울리면
서 음이 사라집니다. 이 작품의 세계관에 따르면 창문을 천천히 닫
는 모습입니다. 그러고 나면 긴 정적이 이어집니다. 악보에는 무려
30초간의 '정적'이라고 쓰여 있습니다.

'György Ligeti: Lux Aeterna'

(DrFattyJr, 2009년 12월 16일)

'Ligeti: Lux Aeterna · Yuval Weinberg | SWR Vokalensemble'

(Klassik | SWR Kultur, 2023년 3월 25일)

▍패르트 <거울 속의 거울>

에스토니아 출신의 작곡가 아르보 패르트(Arvo Part, 1935년~)는 흔
히 미니멀 음악의 선두주자라고 불립니다. 그는 3화음을 사용하거
나 심지어는 하나의 음과 같은 단순한 화성을 쓰는데요. 패르트 자
신은 이를 '종의 울림(Tintinnabular)'이라 표현했습니다. 속도도 변화
가 거의 없는 편이고 리듬이나 패턴도 똑같이 반복되는 경우가 많습

니다.

그런데 이 단순하고 어찌 보면 침묵에 가까운 음악에는 엄청난 힘이 있습니다. 훌륭한 음악은 듣는 사람에게 발맞춰 다가갑니다. 그의 음악을 들은 사람은 하나같이 자신의 마음속 깊숙이 간직하고 있던 어떠한 이야기를 꺼내고 싶다고 말합니다. 패르트의 이런 음악들은 '그래비티' '어벤져스' 등 수많은 영화에서 사용되었습니다.

〈거울 속의 거울〉이라는 곡도 마찬가지 입니다. 이 곡은 러시아의 바이올리니스트 블라디미르 스피바코프의 의뢰로 1978년 작곡되었습니다. 패르트의 가장 인기작라고 할 수 있는 곡으로 바이올린 대신 첼로나 다른 악기로 연주되기도 합니다. 거울을 들여다본다면 사실 피사체는 하나입니다. 그런데 거울 속에 거울이 있다면 어떨까요? 피사체는 무한대로 늘어납니다. 거울이 계속해서 거울을 반사하기 때문이죠. 제목처럼 피아노의 3화음도 바이올린의 선율도 끝이 정해져 있지 않은 것 같습니다. 무한대로 조금씩 움직이며 반복되는 느낌의 이 음악은 우리를 깊은 내면이나 다른 세계로 초대합니다.

'Spiegel im Spiegel for Cello and Piano (Arvo Pärt)'

(Leonhard Roczek, 2014년 8월 14일)

글래스, 리히터

❙ 글래스 〈해변의 아인슈타인〉

미국의 작곡가이자 피아니스트 필립 글래스(Philip Glass, 1937년~)는 미니멀리즘 현대음악의 대표주자로 꼽힙니다. 〈해변의 아인슈타인〉은 그가 작곡하고 연극 프로듀서 로버트 윌슨이 감독한 4막의 오페라로 무대예술 역사상 가장 혁신적인 작품입니다. 마치 커다란 입체적인 초상화를 음악으로 마주한 느낌의 이 오페라는 기존의 음악과는 전혀 다른 관점과 감상을 제안합니다.

일단 오페라라고 부르지만 나레이션을 제외하면 아무런 가사가 없습니다. 그렇기에 줄거리도 없습니다. 단지 '도, 레, 미, 파, 솔'과 같은 계명을 빠르게 외치거나 '원, 투, 쓰리, 포'와 같이 숫자를 끝없이 반복합니다. 한 기자회견에서 로버트 윌슨은 이렇게 말했습니다.

"저녁노을이 질 때, 노을이 지는 것 자체가 아름다운 것 아닌가요? 사람들이 '해가 어느 쪽으로 지니까 노을이 아름답다'고 근거를 제시하면서 아름다움을 찾는 게 아니라, 그냥 보고 느끼는 것이잖아요."

그의 말대로 이 작품에 대한 감상법은 그냥 자연에서 일어나는 현상이나 풍경을 바라보듯이 받아들이는 것입니다. 그 현상이나 경이로운 풍경에 대해 우리가 굳이 이유를 따지지 않는 것과 같이요.

〈해변의 아인슈타인〉이라는 이름 또한 마찬가지인데, 이 오페라에는 해변도 없고 아인슈타인도 없습니다. 제목을 보자마자 우리는 '왜 해변에 아인슈타인이 있을까?'를 알아내고 싶지만 이 오페라는 그런 질문과 해석 자체를 거부합니다. 그저 소리로, 음악 자체로만 존재하고 싶어 합니다. 이 작품은 1976년 프랑스 아비뇽 페스티벌에서 초연된 이후 지금까지 꾸준히 연주되고 있으며 계속해서 재해석, 재생산되면서 시간을 건너고 있습니다.

▎리히터 〈비발디의 사계 Recomposed〉

다니엘 호프라는 바이올리니스트가 스위스 취리히 챔버 오케스트라와 함께 이 작품을 가지고 한국을 찾은 적이 있습니다. 그때 저는 그 공연을 기획한 회사의 일을 돕고 있었는데요. 다니엘 호프의 매니저 역할을 하면서 이 작품을 아주 가까이에서 자주 들을 수 있었습니다. 막스 리히터(Max Richter, 1966년~)라는 작곡가는 알고 있었지만 음악에 대한 지식은 전혀 없이 리허설을 보게 되었는데 그때 받은 충격이 아직도 생생합니다.

다양한 장르와 매체에서 음악활동을 하던 작곡가 막스 리히터는 2012년 비발디의 사계를 재작곡한 앨범으로 전 세계적으로 뜨거운 호응을 얻습니다. 그는 이를 계기로 단번에 클래식 음반계의 인기 작곡가 대열에 합류합니다. 클래식계에서 무려 10억 스트리밍을 이끌어낸 작곡가로도 알려진 그는 〈비발디의 사계 Recomposed〉에 대해 이렇게 말했습니다.

"나는 어릴 때 〈사계〉를 좋아했습니다. 훌륭한 멜로디와 멋진 색상이 어우러진 아름답고 매력적인 음악입니다. 그러다가 나중에 음악에 대한 이해가 깊어지고, 음악을 읽고, 공부하고, 많이 듣게 되면서 사랑하기가 더 어려워졌습니다. 모든 쇼핑센터에서, 광고에서, 그것은 어디에나 있습니다. 저에게 있어 이 녹음과 프로젝트는 그 곡을 되찾고 다시 사랑에 빠지도록 노력하는 것입니다."

그의 바람대로 〈비발디의 사계 Recomposed〉는 원곡의 유전자를 그대로 유지한 채 완전히 새로운 작품으로 재탄생했습니다. 그의 음악은 많은 사람에게 음악에 대한 사랑을 일깨워주고 있습니다.

'Max Richter In Concert: Reimagining Vivaldi'

(NPR Music, 2013년 8월 27일)

클래식 듣는 맛

초판 1쇄 발행 2024년 6월 18일

지은이 | 안일구
펴낸곳 | 믹스커피
펴낸이 | 오운영
경영총괄 | 박종명
편집 | 이광민 최윤정 김형욱
디자인 | 윤지예 이영재
마케팅 | 문준영 이지은 박미애
디지털콘텐츠 | 안태정
등록번호 | 제2018-000146호(2018년 1월 23일)
주소 | 04091 서울시 마포구 토정로 222 한국출판콘텐츠센터 319호(신수동)
전화 | (02)719-7735   팩스 | (02)719-7736
이메일 | onobooks2018@naver.com   블로그 | blog.naver.com/onobooks2018
값 | 18,000원
ISBN 979-11-7043-544-0 03670